本书出版获得 2017 年度山西省哲学社会科学规划课题（晋规办字 [2017]2 号）、2019 年度山西财经大学法学专项项目（项目编号：2019FXZX08）资金支持

密里本德批判的法哲学思想研究

A Study on the Thought of Legal Philosophy Criticized by Miliband

孙军英 著

中国政法大学出版社

2019·北京

图书在版编目（ＣＩＰ）数据

密里本德批判的法哲学思想研究/孙军英著. —北京：中国政法大学出版社，2019.10（2020.10重印）

ISBN 978-7-5620-9269-8

Ⅰ.①密…　Ⅱ.①孙…　Ⅲ.①拉尔夫·密里本德(Ralph Miliband, 1924-1994)－政治思想－法哲学－研究　Ⅳ.①D095.615 ②D903

中国版本图书馆CIP数据核字(2019)第229417号

出 版 者　中国政法大学出版社

地　　址　北京市海淀区西土城路25号

邮寄地址　北京 100088 信箱 8034 分箱　邮编 100088

网　　址　http://www.cuplpress.com (网络实名：中国政法大学出版社)

电　　话　010-58908289(编辑部) 58908334(邮购部)

承　　印　北京九州迅驰传媒文化有限公司

开　　本　880mm×1230mm　1/32

印　　张　7.625

字　　数　180 千字

版　　次　2019 年 10 月第 1 版

印　　次　2020 年 10 月第 2 次印刷

定　　价　40.00 元

目 录
CONTENTS

绪　论 / 001

一、生平简介 / 001

二、研究意义 / 005

三、本文的逻辑结构 / 007

第一章　密里本德批判的法哲学思想的缘起 / 010

一、个人经历契机 / 010

二、经典马克思主义的理论基质 / 014

三、与西方马克思主义的思想交融 / 018

四、英国新马克思主义的理论熏陶 / 020

第二章　发达资本主义技术批判 / 021

一、二战后资本主义社会的新变化及其分析 / 022

（一）新变化的具体表现 / 022

（二）变化的基础是技术 / 025

（三）对技术决定论的驳斥 / 037

二、发达资本主义社会是法权批判的现实场景 / 043

（一）发达资本主义社会：关于社会性质的一个基本判断 / 043

（二）发达资本主义法权批判何以可能？ / 047

三、技术本质探索的权力向度/ 050

第三章　发达资本主义权力批判/ 057

一、权力的整体性批判/ 057

（一）批判的法哲学的权力话语/ 058

（二）权力批判的整体性视界/ 060

二、发达资本主义社会阶级分析/ 064

（一）阶级的客观决定论/ 065

（二）发达资本主义社会的阶级结构/ 071

（三）阶级意识/ 078

（四）发达资本主义社会的阶级斗争/ 082

三、平等主义祛魅/ 089

（一）对平等主义理论的批驳/ 090

（二）对资本主义经济、政治权力关系的分析/ 093

（三）统治阶级的文化霸权/ 099

四、资本主义统治合法化分析/ 104

第四章　发达资本主义民主批判/ 113

一、辩证看待资本主义民主/ 114

（一）资本主义民主的历史进步性/ 114

（二）资本主义民主的历史局限性/ 120

二、资本主义民主的特征、功能和本质/ 124

（一）资本主义民主的特征/ 125

（二）资本主义民主的功能/ 131

（三）资本主义民主的本质/ 142

三、超越资本主义民主/ 144

（一）资本主义民主的前途/ 145

（二）资本主义民主的超越/ 149

第五章　发达资本主义国家批判/ 157

一、资本主义社会的国家批判/ 159

（一）国家的概念/ 160

（二）国家的职能和作用/ 165

（三）国家的本质/ 169

二、聚焦国家自主性视域/ 174

（一）回眸密里本德—普兰查斯之争/ 175

（二）关于国家自主性问题的基本观点/ 179

三、社会主义社会的国家建构/ 183

（一）社会主义社会国家的地位和作用/ 183

（二）用民主规约国家的本质/ 185

第六章　发达资本主义法权批判中的理想社会建构/ 189

一、社会主义的合理性/ 189

（一）为什么不是资本主义/ 190

（二）为什么是社会主义/ 194

二、社会主义的机制建构/ 198

（一）政治机制/ 198

（二）经济机制/ 201

（三）文化机制/ 204

三、社会主义的实现路径/ 207

第七章　密里本德批判的法哲学思想的整体分析 / 215

　　一、思维方式特征 / 215

　　（一）经验主义的思维基质 / 215

　　（二）整体主义的研究视角 / 220

　　（三）技术权力批判的理论基点 / 222

　　二、理论建构模式 / 225

　　（一）阶级是社会建构的基础 / 225

　　（二）权力是社会建构的核心 / 227

　　（三）民主是社会建构的有效路径 / 231

　　（四）制度转换是社会建构的本质和目标 / 233

　　三、研究方法与思想内容方面的不足 / 235

结　语 / 238

绪 论

拉尔夫·密里本德（Ralph Miliband，1924—1994）是英国著名的新左派学者，被誉为"英语世界具有领导作用的马克思主义政治学家"，[1]而且"在确定批判事业的主题这个问题上，他也一直发挥着领导作用。"[2]密里本德的学术思想本质上是发达资本主义的法权批判思想，即是一种批判的法哲学思想，是在当代发达资本主义条件下对马克思主义法哲学思想的一种继承和发展。

一、生平简介

1924年1月7日，拉尔夫·密里本德出生在布鲁塞尔。15岁时，密里本德加入当地的犹太人社会主义青年组织"青年自卫军"。当时，他的朋友莫里斯·特兰（Maurice Tran）曾经送给他一本《共产党宣言》。正是在这个时期，密里本德开始初步思考资本主义，并对马克思主义和社会主义有了初步的接触。第二次世界大战爆发后，纳粹德国军队入侵比利时。密里本德的家庭是犹太家庭，于是决定逃离该国纳粹当局的统治。他们通过召开家庭会议，决定母亲和妹妹继续留在布鲁塞尔，父亲山姆（Sam）和密里本德则前往法国巴黎。但在前往巴黎的旅途中，山

---

[1] Michael Newman, *Ralph Miliband and the Politics of the New Left*, London, the Merlin Press Ltd., 2002, p. 1.

[2] 张亮编：《英国新左派思想家》，江苏人民出版社2010年版，第146页。

姆改变计划，与他的儿子去了奥斯坦德（Ostend），并在那里赶上了去英国伦敦的最后一班船，于 1940 年 5 月 19 日到达了伦敦，并被相关当局认定为难民身份，享受到了一定的难民待遇。[1]直到战争结束后，费了很多周折，他们全家才得以在伦敦团聚。

　　在英国伦敦，因为纳粹头子阿道夫·希特勒（Adolf Hitler）的缘故，阿道夫·密里本德不再叫自己阿道夫（Adolphe），改名为拉尔夫·密里本德。1941 年 1 月，在国际难民委员会的帮助下，拉尔夫进入阿克顿技术学院（Acton Technical College）学习，在那里完成课程学习以后，又在比利时流亡政府的帮助下，进入伦敦政治经济学院（LSE）[2]学习。在那里，拉尔夫对马克思主义和革命社会主义产生兴趣，他拜祭了位于海格特公墓（Highgate cemetery）的马克思墓，并在那里许下为工人阶级事业而努力的誓言。由于德国空军的持续轰炸，伦敦政治经济学院被疏散到剑桥大学。在那里，密里本德遇到了著名的政治学家和社会活动家哈罗德·拉斯基（Harold Laski），继而成为他的学生，他在生活上得到了拉斯基的多方关照，并在学术研究、政治观点等诸多方面受到了很大影响。1942 年，密里本德在拉斯基的介绍下，以比利时公民的身份进入英国海军服役。1945 年密里本德结束了在英国皇家海军的三年服役后，又进入伦敦政治经济学院学习，并于 1947 年 1 月以第一等的优异成绩毕业。后又在勒沃研究奖学金（Leverhulme Research Studentship）的资助下，继续在拉斯基的指导下做研究工作；经过勤奋努力，密

---

　　[1]　Michael Newman, *Ralph Miliband and the Politics of the New Left*, London, the Merlin Press Ltd., 2002, p. 11.

　　[2]　由 Beatrice 和 Sidney Webb 于 1895 年创建，1900 年成为伦敦大学的一部分；是英国唯一一所将教学和科研专注于社会、政治、经济等领域的学校，在社会科学领域享有盛名；该校先后拥有多位世界知名学者，并培养了大量的海外学生群体，其中有二十多位学生成为各自国家的首相或总理。

里本德最终于 1956 年 9 月获得博士学位，博士论文题目是《法国大革命时期的大众思想（1789—1794）》。在此期间，在哈罗德·拉斯基的推荐下，密里本德曾经在芝加哥罗斯福学院（Roosevelt College）执教了一个学期，并在那里与北美的学术圈产生了多方面的联系，这种联系持续终生。后来，密里本德又在拉斯基的帮助下，回到伦敦政治经济学院担任政治学讲师，他坚持从事这份工作一直到 1972 年。

密里本德由于之前的从军经历，在哈罗德·拉斯基的帮助下，于 1948 年 8 月获得英国公民身份。1961 年，密里本德和他的前学生波兰人玛丽恩·科扎克（Marion Kozak）结婚，并生了两个儿子，分别是 1965 年出生的戴维（David）和 1969 年出生的爱德华（Edward）。1972 年到 1978 年期间，密里本德来到利兹大学（University of Leeds）担任政治学系主任以及政治学教授。1978 年以后，他受邀来到北美，先后在布兰德斯大学（Brandeis University）、多伦多的约克大学（University of York）、纽约市立大学（The City University of New York）研究生部任教授。密里本德热情地从事教育活动，他讲授的课程主要是政治学和政治思想课。密里本德教授的课程主题鲜明、内容丰富、形式灵活，他鼓励学生自由思考、积极辩论，在不断地学习、讨论和思考中丰富、加深对知识和现实的认识和理解，所有这些都给他的学生留下了深刻的印象，并对一些学生产生了长远的影响。1996 年，一名深受密里本德影响的博士生匿名捐赠资金，在伦敦政治经济学院设立了"密里本德项目"（Miliband Programme），意在纪念自己的导师，鼓励学生对社会的自由思考以及思想的多样性。

密里本德一直认为，作为一名独立的社会主义知识分子，其真正的使命不仅在大学和课堂之内，而且还在课堂和校园之外。参加社会活动和发表公共演讲，成为密里本德教学和研究工作之外的重要实践载体。密里本德在伦敦政治经济学院读书的时候，就积极参加学生活动。毕业后，随着英国工党内部左派力量大涨，1952年，密里本德加入了英国工党，成为一名工党左派。

虽然密里本德加入了工党，但他一直认为，工党在英国社会实现根本变革的过程中，所扮演的角色和作用都极为有限，在其1961年所撰写的《议会社会主义——英国工党政治研究》中，他对此做了极为具体而深刻的描述和分析。在密里本德看来，英国工党从来就不是一个社会主义的政党。为了在英国推进社会主义的实现，密里本德进行了长期的、不间断的、多种方式的努力。除了上面提到的方式以外，还有两种方式值得特别提起：首先是其在其中起到重要组织和领导作用的社会主义教育运动，他一直积极参与这项活动，虽然过程中需要面对各种困难。比如，1965年10月30日，密里本德曾经召集了一场左派重组会议，并提出了"社会主义教育和行动中心"的项目建议；一个月后，他作为主席起草了这一行动中心的目标文件。令人遗憾的是，由于资金短缺等原因，这一机构很快停止了运转。一方面，对于社会主义教育运动，密里本德一直在积极组织和参与；另一方面，密里本德非常注重新左派的组织体系的建设，在他的设想中，成立一个能够容纳各种左派的新的政治组织势在必行，这个政治组织能够代替工党在社会秩序转变中的地位和作用，为此，他也是极尽精力，无论是在理论论证、思想说服方面，还是在筹划组织方面，他一直在不断努力和尝试。比如，1974年6月，他撰写了《独立的社会主义政党问题》的文章，专门探讨了在英国成立一个以社会主义为目标的政党的必要性问题。

　　20 世纪 80 年代英国"撒切尔主义"盛行，主要代表英国工人阶级的英国工党对英国当时出现的一系列状况无能为力，难以提出既符合激进理念，又能够切实解决英国国内现实困境的纲领和策略。在此背景下，很多人对工党失去希望，对社会主义产生怀疑。在这种情况下，密里本德组织了一个小型的智库，为英国工党的领导人，尤其是左翼领导人提供智力支持。逐渐地，密里本德的家成了工党左翼人士聚集、辩论时事的一个重要场所，这也为以后他的两个儿子走上从政之路积累了一定的人脉资源。[1]

　　1994 年，当他从纽约参加完一场社会主义学者会议回来之后的一个月，由于冠状动脉出现问题而被送进了医院。[2]1994 年 5 月 21 日，密里本德因心脏病逝世，终年 70 岁。

二、研究意义

　　密里本德于 1994 年去世，迄今已有二十余年了，随着时间的推移，形势的变迁，密里本德著作中对一些具体问题的探究和结论，人们如今读来已觉得遥远和陌生。但他对现实和时代问题的把握和深思，以及他的具体的认识论和方法论思想，还有他对社会主义的信念和追求，仍值得我们研究和学习。具体而言，密里本德作为"英语世界具有领导作用的马克思主义政治学家"，研究其思想具有重要的理论意义、现实意义和学科建设意义。

---

　　〔1〕 密里本德的长子戴维曾是布莱尔内阁的重要成员，次子爱德华曾是布朗内阁的重要成员；2010 年 9 月，其次子爱德华·密里本德击败竞争对手，其中包括其兄戴维·密里本德，成为英国工党新一任领袖；2015 年 5 月 8 日，英国议会选举结果出炉，工党败给保守党，爱德华·密里本德即宣布辞去工党领袖一职。

　　〔2〕 Michael Newman, *Ralph Miliband and the Politics of the New Left*, London, the Merlin Press Ltd. , 2002, p. 337.

首先，密里本德作为英国新马克思主义思想家，其毕生的研究视角都是在资本主义社会不断发展的现实背景下如何运用经典马克思主义的立场、观点和方法，具体分析发达资本主义社会的、处于不断变化中的现实现象和问题。这对增强经典马克思主义的历史、现实说服力，完善经典马克思主义的法哲学思想具有重要的理论价值和意义。

其次，密里本德批判的法哲学思想始终运用经验实证主义的研究方法研究政治和法学的核心问题，即阶级、权力、民主、国家和社会主义等问题。这些问题不仅在密里本德所处的时代，即便时至今日，仍是人们关心、关注和困惑的焦点。密里本德的研究视角和研究成果，为后人提供了方向和指引。尤其在我国建设具有中国特色的社会主义制度的当下，如何认识发达资本主义国家的现象和本质，增强我们走社会主义道路、建设社会主义制度的信心和决心，具有重要的启示意义。

再者，历史唯物主义告诉我们，社会主义必将代替资本主义是历史发展的必然规律。但是无论从理论上，抑或从实践上而言，都需要不同角度的探索和论证。密里本德担负起了一个知识分子的使命，从很多方面对这一历史发展规律进行了观察、思考和探索。系统研究密里本德的法哲学思想，能够丰富和完善马克思主义哲学思想，尤其是法哲学思想。

最后，众所周知，密里本德是英国新马克思主义的重要代表人物，因此，研究密里本德批判的法哲学思想，必须把他放到英国新马克思主义的整体背景中去进行。而研究英国新马克思主义，不是为了研究而研究，也就是说，这种研究应当紧密结合现实，尤其是关联中国的各种现实问题，能够对中国的相关问题有所启示，才能体现出其真正意义和价值，也才能够焕发出长久的生命力。那么，研究密里本德的批判法哲学思想，

其具体的、现实的意义在哪里呢？这个问题，见仁见智，不同
的人当然会有不同的意见。笔者通过几年的研究，对密里本德
及其思想进行集中研究，深感其对发达资本主义批判的立场之
坚决，以及其对社会主义的向往和坚定信念；密里本德身上所
体现出的这个特点，与英国新马克思主义的其他代表人物相比
较，也甚为明显。因此，在如今的国际、国内背景下，面对许
多人对社会主义的诸多质疑和困惑，面对不少人对发达资本主
义的赞美和向往，如果能够把密里本德作为身处发达资本主义
社会中的一个独特的案例，集中展现他的思想，分析他思想的
形成背景、具体内容和内在逻辑，或许能够对解答我们的困惑
有所启发，也能够坚定我们建设社会主义祖国的信念和信心。

三、本文的逻辑结构

密里本德批判的法哲学思想，有两条非常鲜明的逻辑主线，
分别是对发达资本主义的批判和对社会主义的思考、探索和追
求。他对发达资本主义的批判，几乎涵盖了所有与政治、法律、
权利有关的问题，即技术政治问题、权力问题、民主问题、国
家问题等，并通过对当代发达资本主义社会阶级关系、阶级矛
盾和阶级斗争的分析，论证了资本主义的前途和各种可能性，
其中社会主义又是取代资本主义的可能的、最好的选择。也可以
说，在密里本德的学术思想中，发达资本主义法权批判是前提和
基础，密里本德的学术研究始终在探寻"一种长期缺乏的，即作
为政治学研究根本导向的、批判性的和非神秘化的方法。"[1]而
社会主义则是发达资本主义法权批判的目的和旨归，"即去发现

---

[1] Ralph Miliband, "Teaching Politics in An Age of Crisis", *The University of Leeds Review* 18, 1975, p. 145.

新的社会主义政治"[1]。除了绪论和结语以外，本文分七部分进行阐述：

第一部分是密里本德批判的法哲学思想的缘起。主要从个人经历、思想基质、思想交融、理论熏陶等四个方面对其学术思想的缘起进行具体分析。

第二部分是发达资本主义技术批判。密里本德批判的法哲学思想是对马克思主义思想的一种继承和发展，尤其是对后者的发展。那么，为什么要发展马克思主义思想呢？因为当代资本主义社会相比于马克思所处的时代，无疑是一种高度变化和发展了的社会和时代。马克思当初的许多分析和论断，面对已经发生了太多变化的资本主义，需要重新说明、解释和论证。另一个问题是，是什么引起了资本主义社会的诸多变化？当然不同的人会有不同的解释和理解，但在这其中，技术无疑是最为重要的原因和因素。但是，对于技术问题进行关注，并非是一种臆想和假设，事实上许多带有资本主义意识形态和价值观倾向的所谓资产阶级学者已经对这个问题进行了思考和研究，并且从技术出发，用技术发展带来的种种变化和后果，为资本主义辩护，攻击马克思主义和社会主义。因此，技术问题不再是纯粹的技术问题，它还关乎政治，而且在一定程度上讲，它是极为重要的政治法律问题。在本章中，笔者考察了密里本德对技术的基本态度和观点，极力探索在密里本德眼中技术的政治涵义和价值。

第三部分是发达资本主义权力批判。密里本德认为，资本主义是一种深刻的权力关系，资本主义权力关系是包含经济关系、政治关系、文化关系、社会关系等各种权力关系相互交织、

---

[1] 列奥·潘尼奇：《作为社会主义知识分子的拉尔夫·密里本德》，载张亮编：《英国新左派思想家》，江苏人民出版社 2010 年版，第 159 页。

相互关联、相互影响的复杂的权力网络和权力体系。在资本主义权力体系中，国家发挥着重要的作用。资本主义权力体系有一个不断合法化的过程。

第四部分是发达资本主义民主批判。不可否认，民主是发达资本主义国家的基本特征，是发达资本主义国家引以为荣的政治资本，也是资本主义国家攻击我国社会主义制度的主要方式之一。那么，如何正确认识资本主义民主，如何正确处理社会主义民主和资本主义民主的关系等问题，不仅是我们关注的现实问题之一，也是作为英国新马克思主义学者的密里本德关注的主要问题之一。

第五部分是发达资本主义国家批判。国家理论是密里本德政法理论极为重要的组成部分，甚至可以说，密里本德在政治学术思想上就是以其国家理论而闻名；同时，他的国家理论也成为马克思主义国家理论，乃至马克思主义政法思想的重要组成部分。纵观密里本德的政法思想脉络，国家在其整体的政治理想、政治规划和政治实践中都具有非常重要而独特的作用。

第六部分是发达资本主义法权批判中的理想社会建构。批判的目的不是为了批判而批判，批判的目的是为了建构一种理想的社会替代模式，密里本德坚持认为这种替代就是社会主义。社会主义是一种不同于资本主义的全新的社会模式、制度和秩序。

第七部分是密里本德批判的法哲学思想的整体分析。主要从思维方式特征、理论建构模式以及研究方式和思想内容方面的不足等三个方面进行具体分析。

第一章
密里本德批判的法哲学思想的缘起

密里本德作为一名在二战期间受到纳粹影响甚至迫害的犹太人，其个人经历与心路历程相对更为曲折和复杂，而其学术思想不可能不受到这种个人经历和经验的影响。在英国新左派的学术共同体中，密里本德的这种特点得到了比较全面的展现。相对而言，密里本德学术活动的地域范围比较广泛，他不仅在英国的左派学术圈中表现活跃，而且与北美，尤其是美国的学术圈联系也比较密切。他的学术思维和学术研究方式不仅受到英国新左派的影响，而且也受到美国的一些相关学者以及欧陆学者的影响。更别说密里本德始终把自己定位于马克思主义学者的范畴了，他的理论视角和研究方式始终在马克思主义的框架之下。因此，密里本德的法哲学研究方式呈现出一种综合性特点。

一、个人经历契机

密里本德这种特定研究兴趣和研究模式的形成，无疑是由多种因素促成的，其中，密里本德及其家庭早年的生活经历及对自身身份的困惑感，对其思想的形成，起着极为重要的影响和推动作用。

密里本德一家人虽然性格不同，但家人的关系却是十分融洽和谐，尤其是密里本德兄妹俩，感情一直非常亲密。密里本德在这种和谐的家庭气氛中成长，对其以后在政治思想上的对发达资本主义的诸种不和谐因素的批判和对社会主义的向往和追求，不能不说有着极为重要的影响和作用。

　　密里本德的父亲虽然只是一位手艺人，但是却对政治有着浓厚的兴趣。在第一次世界大战以后，他一度成为华沙的"波兰社会党"的积极分子。后来即使在日益沉重的生活负担面前，他仍每天抽出空来阅读法文报纸。在密里本德大约十二岁的时候，他的父亲就开始同他讨论一些政治问题。密里本德后来回忆说："从十二岁开始，我就对法国的政治保持密切的关注（就像我的父亲一样），他和我规律地讨论巴黎每天发生的事情、部长的变换、这个领导人或那个领导人各自的价值观等。对法国的关注，还被一个人的出现加强了，这个人就是列奥·布鲁姆（Leon Blum），一个犹太人，法国社会党的领导人，在1936年成为法国总理。我的父亲没有确定的政治信仰，但无疑是一位左派。……我们家庭的政治氛围是普通的、宽松的左派，这看上去难以令人置信：一个犹太人、一个犹太家庭、犹太裔的手艺人、个体经营的、贫穷的、讲意第绪语的、没有被同化的、没有宗教信仰的犹太家庭，竟然向往社会主义，实在是不合常规……"[1]对于密里本德及其家庭的政治兴趣，他的一个儿时伙伴这样回忆道："在很小的时候，密里本德就对这个世界上正在发生的事情非常感兴趣；他相信他们这一代能够寻找到解决我们这个社会许多错误的办法。"[2]正是这种浓厚的家庭政治氛围，使得密里本德从小耳濡目染，培养了他浓厚的政治兴趣和政治思维习惯。因此可以这样说，密里本德家庭对政治现象和

---

　　〔1〕　Michael Newman, *Ralph Miliband and the Politics of the New Left*, London, the Merlin Press Ltd., 2002, pp. 8-9.

　　〔2〕　Michael Newman, *Ralph Miliband and the Politics of the New Left*, London, the Merlin Press Ltd., 2002, p. 9.

政治问题的关注，极大地影响着密里本德以后的学术道路选择，使得他不同于与他同期的一些其他代表性的英国新马克思主义的学者，比如汤普森。汤普森一生的学术兴趣广泛，其著作涉及历史学、文学、艺术评论等诸多领域，而密里本德与其不同，他的研究范围仅限定在政治领域，注重对现实的政治问题、政治现象、政治状态进行马克思主义的分析，最终目的是批判现存制度和社会的不足之处，并力图寻找治愈现存社会"疾患"的良方。

阅读密里本德的传记和日记，再考察他一生的生活和活动经历，可以看出，身份定位和身份认同问题始终是贯穿其生命、生活和思想的一根主要脉络，在密里本德年轻的时候，情况更是如此。在童年时期，密里本德父母都是刚刚移民到比利时首都布鲁塞尔的移民，但是他们又属于犹太裔，这种先天身份的多样性使得他们很难在布鲁塞尔定位自己的具体位置。在他们面前有着多种选择，比如布鲁塞尔的新移民、来自波兰的移民，还是犹太移民。另外，从社会经济的角度考虑，密里本德的父亲又是一位贫穷的手工业工人，母亲后来迫于生计，也成为一名出售帽子的小贩，而且其父母所受的教育程度又不高。在这种情况下，按照一般的情形，可以把他们划分成一个工人家庭。但是密里本德的母亲，又是一位有着中产阶级倾向的女性，他们渴望改善自己的生活条件和社会地位。密里本德曾经回忆说，在小时候，有一次，父母积攒了一点钱，立刻带他们兄妹俩到海边度假，租了一间小公寓，度过了难忘的时光。这种情况，在20世纪二三十年代的工人阶级家庭中是不多见的。

还有影响他们的身份认同的其他因素是语言因素和国籍因素。在20世纪初的比利时，对于最新的犹太移民，一般还不是很欢迎。当时在布鲁塞尔，也有一个组织良好的犹太社区，但是在里面居住的主要是属于中产阶级的犹太人。父亲山姆只不过是一名手工业艺人，在社会地位上属于工人阶级，而且当时布鲁塞尔的新犹太移民，基本上都和山姆一样，他们无法很好地组织起来，因此他们始终处于有组织的劳工运动的边缘地带。另外一方面，当时比利时的新移民主要讲的是意第绪语，而当时在比利时的工人阶级主要讲的是佛莱芒语，新移民们为了更好地与资产阶级打交道，他们移民后更喜欢学习法语，这样语言就成为比利时的波兰移民与当地土著的工人阶级之间的主要障碍。他们既然不能参加有组织的劳工活动，就成为社会的边缘人物，没有重要的政治组织重视他们，自然也就不会关注他们。另一方面，由于这些新移民，都是被迫移民性质，他们中只有很少一部分人获得了比利时国籍。那些大部分没有获得比利时国籍的人，他们没有选举权，自身的权益和要求很少受到重视。密里本德及其家庭就是在这种环境中生活。不难想象，在这种身份难以定位的状态下，其时刻感觉到的身份困惑无时不在、无处不在。这种身份困惑感在密里本德的家庭和密里本德本人的身上都得到了不断的体现，比如比拉尔夫小四岁的妹妹安娜，后来在战争期间改名为安妮-玛丽（Anne-Marie），最后又改名为南恩（Nan），"名字的变化反映了密里本德家庭身份的复杂性"[1]。正是在这种困惑中，密里本德在很小的时候，就开始真正关注政治现象，比如他在九岁的时候，就开始关注德国希特勒的上台问题，犹太难民问题；但同时他又不是一个"犹太主义者"，比如他小时候上的学校并非犹太人的专门学校，而是当地的一所普通学校，里面的学生大部分不是犹太人。

　　第二个身份困惑是他的理想追求与他的真实社会身份之间

〔1〕 Michael Newman, *Ralph Miliband and the Politics of the New Left*, London, the Merlin Press Ltd., 2002, p. 5.

的冲突和困惑。相比于他真实的社会地位，密里本德追求更多的知识需求、更好的生活水平、更高的社会地位以及更深的社会理想追求。但是他的人际关系、他的个人经历、他每天所经历的事都让他觉得这一切都是"二流"事情。比如，他曾经当过一段时间的搬运工，当他第一次拿到薪水的时候，他感觉这不是他想要的生活，这种身份让他失去了自己的理想和追求，从而失去了自己，因而使得他非常不开心。当他1946年以比利时公民的身份加入英国海军服役时，这种与周围环境的不协调再一次出现，士兵和士兵之间的差异、士兵和军官之间的差异，尤其是普通士兵和军官之间的待遇差异，让他感触颇多，他在回忆录里写道："军官和士兵之间的差异如此真实……士兵必须住在人多拥挤、又脏又臭的空间里……士兵们必须六个人一桌吃饭……军官们却待在光线明亮、铺着漂亮的白桌布的房间里，有着佣人专门从事服务工作，里面的气氛是文明而美好。"[1]他继而注意到了甲板上的军官阶级和士兵阶级，以及他们各自所拥有的待遇和权力。后来，这种社会阶级和权力分析方法成为密里本德政治理论研究的主要关注视角和研究方法。

二、经典马克思主义的理论基质

乔瑞金教授认为，英国的新马克思主义，主要"是指从20世纪50年代末以来在英国产生的旨在把马克思主义本土化的一种学术倾向或研究思潮。"至于为什么可以把其统称为"英国新马克思主义"，是因为"从20世纪50年代末以来形成的英国马克思主义，尽管不断转换其研究视角和研究主题，在思想方面

---

〔1〕 Michael Newman, *Ralph Miliband and the Politics of the New Left*, London, the Merlin Press Ltd., 2002, p. 31.

也出现诸多差异，但在产生的时代背景、指导思想、研究范式以及目的诉求等方面，基本上具有内在的一致性，存在一些明显可辨的历史传承和内在特质"。[1]其中，马克思主义无疑是这一研究群体的主要指导思想。但是，对于马克思以及马克思主义，其实在这一群体内部，存在着多样的态度和情感。比如，霍尔（Hall）在谈到马克思主义时，就从没有把自己归类为纯正坚定的马克思主义学者。汤普森（Thompson）在后期，也在一定意义上远离了马克思主义。因此，相对于其他英国新马克思主义的代表人物，密里本德可算是比较典型、坚定的马克思主义者了。在他一生的学术研究活动中，始终坚持运用经典马克思主义的观点和方法分析其所处时代的政治现象和政治问题。可以说，经典马克思主义，构成了其观察世界、思考问题、研究学术的主要立足点和支撑点。在密里本德具有代表性的著作中，其中的基本观点都是经典马克思主义的传统看法和观点，在一定程度上可以讲，密里本德根据其所处时代的客观形势和具体变化，发展了一种马克思主义的政治解释学研究模式，从而重申了经典马克思主义的基本观点，并结合时代变迁，进行了充分的证明和论证。从另一方面讲，密里本德的马克思主义并不是固化的、教条的、僵化的，经典马克思主义虽然是密里本德法哲学理论研究的基质，但却是于坚守中发展了的马克思主义，是更具现实性、更具说服力的马克思主义。

众所周知，国家理论是许多学科和理论研究的对象，无疑也是法哲学研究的重要组成部分，这一点不容置疑。在密里本德所处的二十世纪六七十年代，对马克思主义政治理论主要存在着两方面的怀疑和挑战，一方面是多元民主论的流行，另一

---

〔1〕　乔瑞金等：《英国的新马克思主义》，人民出版社 2013 年版，第 1 页。

方面有学者认为马克思主义缺少独具特点的、具有创新性、典型性的政治理论。密里本德对这两种现象进行了有力的批驳。他认为，虽然随着社会的进步，社会发展中各种新现象、新情况不断涌现，经典马克思主义的理论场域在不断地发生改变，各种资产阶级的政治理论观点也颇为精巧和富于欺骗性，但是"尽管各种各样关于权力精英的理论是如此精巧，但对于权力的多元民主论最重要的替代理论仍然惟有马克思主义一家。"〔1〕意大利马克思主义学者科莱蒂（Colletti）认为在严格意义的政治理论上，马克思和列宁除了分析国家消亡的经济基础外，"没有在卢梭的思想上增加任何东西"。〔2〕在 1974 年与《新左派评论》杂志主编佩里·安德森（Perry Anderson）的一次谈话中，科莱蒂更是明确指出："马克思主义缺少一个真正的政治理论。"〔3〕密里本德对这种观点持怀疑和批判态度，"诸如此类说法太笼统和有太多的限制，以至于不能提供辩论的坚实基础；而抽象地去争论马克思主义的创见在这个领域而不在那个领域，看来意义也不大。"〔4〕密里本德在其 1977 年出版的著作《马克思主义与政治学》中，首先提出了一个基本命题：什么是马克思主义政治学？密里本德认为，要回答这个问题，将是十分困难的。困难的第一个表现就是"马克思主义"这一名词本身的如何界定问题。他认为，在马克思生前，他从未使用过这个名词，而在他

〔1〕［英］拉尔夫·密里本德：《资本主义社会的国家》，沈汉、陈祖洲、蔡玲译，商务印书馆 1997 年版，第 9 页。

〔2〕L. Colletti, *From Rousseau to Lenin*, New York, Monthly Review Press, 1972, p. 185.

〔3〕L. Colletti, "A Political and Philosophical Interview", *New Left Review* 4, 1974, p. 86.

〔4〕［英］拉尔夫·密利本德：《马克思主义与政治学》，黄子都译，商务印书馆 1984 年版，第 17 页。

死后，有太多的理论家和实践家对这个词的含义进行了拓展，以至于在马克思主义政治理论的重要命题上，存在着太多的争议和不确定性。其次，密里本德认为，即便是在一些称之为马克思主义的著作里，关于政治理论的阐释都是零散、不系统的，或者对政治问题的专门解释也很少，造成这种状况的原因是多方面的，比如斯大林主义意识形态的统治、对基础—意识形态关系的认识、理解和运用、马克思主义经典著作当时的写作背景和写作目的以及马克思主义对经济基础—上层建筑关系的相对简单认识等诸多因素，都影响了马克思主义政治理论的系统化、理论化。这就需要重新整理、梳理、提炼马克思主义的政治理论，并结合现实条件和客观情况的变化，对此加以分析、解释和发展。

与和他同时期的英国新左派的代表人物相同，密里本德始终认为，自己是一名坚定的马克思主义者，而且是一名具有独立马克思主义思想的社会主义公共知识分子。但在他的一生中，透过他的行动和思想，我们发现他有着许多与众不同的地方：他是一名犹太人，但他却不是犹太主义者；他是一名知识分子，但他却不属于知识分子共同体；他是一名马克思主义者，但他却始终与流行的"马克思主义"观点保持距离；他属于英国第一代新左派，但他却不像汤普森那样，与英国第二代新左派针锋相对。所有这一切，只缘于他把自己定位于一名独立的马克思主义公共知识分子。他的学术思想，更多地站在经典马克思主义唯物史观的基本立场上，倾向于对发达资本主义社会发生的新变化、新情况，进行马克思主义的解释和解读，通过对发达资本主义制度的政治批判，寻求社会主义替代策略的必然性、合理性、可行性及可能性。

三、与西方马克思主义的思想交融

西方马克思主义，分布在广泛的地域，包含着不同的流派，出现了许多代表性人物。葛兰西（Gramsci）不仅是其中的卓越代表，也是西方马克思主义的开创者之一。

西欧革命的失败，促使信奉了列宁主义的西方马克思主义学者不得不思考这样一个问题：为什么在俄国这样工业基础薄弱、经济发展落后的国家能够取得无产阶级革命的胜利，而在西欧这些工业发展先进的国家，反倒屡屡遭受无产阶级革命的失败？葛兰西利用在法西斯监狱中的有限条件，对这个问题进行了严肃的思考，重新诠释了国家的概念和内涵，提出了"文化领导权"的概念，强调了知识分子的性质和作用，并且提出了"阵地战"的战略，同时分析了社会主义与民主的关系问题。葛兰西认为，自己完全接受列宁对国家本质的论断，认为国家是一定社会集团的统治工具，但他同时根据西欧国家的具体历史和现实情况，对国家的定义进行了相应的扩张解释，葛兰西认为："国家的一般概念中有应该属于市民社会的成分（在此意义上可以说：国家＝政治社会＋市民社会，换言之：国家是配备有强制装甲的领导权）。"[1]从此可以看到，葛兰西所说的国家，不仅包含传统意义上的政治国家，还包括一般意义上的市民社会，国家的功能因而不仅包含传统意义上的暴力强制、而且还包括文化传播、文化领导和文化控制功能。葛兰西的思想对密里本德的国家理论有很大的启示。受到葛兰西文化领导权理论的深刻影响，资产阶级文化领导权的揭露和批判成为其批判的主线之一。在密里本德的多部著作中，可以看出他对葛兰

---

〔1〕〔意〕葛兰西：《狱中书简》，田时纲译，人民出版社 2007 年版，第 6 页。

西理论的喜爱和推崇，可以说他的许多观点都是对葛兰西理论的直接继承、发展与具体运用；他甚至认为，葛兰西是经典马克思主义政治学理论的重要继承者和开拓者，自葛兰西以后，真正对马克思主义的政治理论起到开创性发展的人，可以说乏善可陈。

在密里本德的著作《资本主义社会的国家》里，密里本德充分关注了发达资本主义国家中市民社会的各种具体力量，包括各种象征资本主义制度新闻自由的舆论媒介，电视、电影、报纸等都属于这个范畴，另外还包括各种承担教育功能的主体，小学、中学以及大学等。另外教会也是构成资本主义国家市民社会的主要组成部分。发达资本主义国家的这些文化传播机构，利用各自的身份和功能，共同维护着资本主义国家的社会稳定和阶级统治，为其统治的合法性提供文化支持和合法依据。

密里本德虽然是英国新马克思主义学者，但在他的研究中，随处可见其对资本主义文化现象的权力分析。具体而言，他认为在发达资本主义社会中，一系列的文化现象都对维护资本主义的阶级统治合法性起着重要的黏合作用。资本主义文化生产包括许多领域，比如体育文化、广播电视文化等。这些文化生产对工人阶级文化起着补偿和放松的作用，有助于阻止工人阶级独立阶级意识的形成与发展。可见，密里本德的文化研究，本质上是一种文化的政治和社会分析，目的是揭露资本主义文化的政治功能和意义，探寻社会主义文化生成的条件和可能性。

另外，密里本德与普兰查斯（Poulantzas）的理论争论，以及米尔斯（Mills）对其的影响，在其学术研究中也有着深刻的烙印。

四、英国新马克思主义的理论熏陶

客观地讲，英国新马克思主义不仅是一个学术流派，它更是一场政治和文化运动。尽管有学者认为，英国新马克思主义在 20 世纪 80 年代走向了理论终结，但是它的理论影响却一直持续不衰，由其开辟的理论研究方向和理论研究传统直到今天，依然引人注目。

作为英国新马克思主义的优秀代表，密里本德不仅从中获得有益的启示，而且积极参加了英国新左派的各类活动，他积极参加新左派的各类读书俱乐部，并成为其中积极的组织者和参加者。另外，密里本德还是一位出色的演讲家，他的演讲富有激情又不失理性，特别富于感染力。他积极为左派刊物撰稿，并于 1964 年发起创立了左派年刊《社会主义纪事》，除个别时期外，他一直担任着这份刊物的主编之职。与汤普森尖锐的理论风格和性格特征不同，密里本德相比之下就温和得多。密里本德对英国第一代新左派与第二代新左派都采取了一种开放、倾听、包容和交流的态度，因为他所追求的是一种不断交流、沟通的理论交流模式，以求真正对社会主义事业有所裨益。

第二章
发达资本主义技术批判

　　在当下，对于每个生活在现实中的、以个体形式存在的具体个人来说，人们无时无刻不受到各种技术的影响和制约。可以说，在现代社会，技术已经完全影响甚至改变了人们的生活和生存状态。从社会公共层面而言，各种技术问题以及因技术引发的公共议题，频繁地出现在各类媒体的公共版面，吸引人们对各种因技术所引发的社会问题进行思考、表达和辩论。

　　因此，在当代，技术不仅具有广泛的工具理性，而且承载着深刻的价值理性。事实上，在现代主义的早期，许多思想贤达就对技术的价值理性进行了客观的观察和多维的反思。在技术与资本主义结合角度对技术进行审视和批判，从早期的空想社会主义者那里就已经开始了。自那以后，无论是马克思、恩格斯，还是二十世纪的西方马克思主义代表学者，都从不同角度思索技术的多重价值意蕴。

　　密里本德作为英国新马克思主义学者，秉承马克思主义的理论传统，考察了发达资本主义工业基础上资本主义政治的多元发展，集中研究了发达资本主义社会中技术与政治的关联与共生问题，以及不断发展的技术对资本主义前景的影响。密里本德的技术批判，构成密里本德发达资本主义法权批判的基础。他的技术批判，始终与以技术为核心和背景的工业社会法哲学批判相结合，寓技术批判于工业社会批判之中。

一、二战后资本主义社会的新变化及其分析

二战后，西方发达资本主义社会相继出现了一系列新的发展态势和动向，也就是说出现了许多新变化。如何认识资本主义的新变化，"这个问题不仅涉及在新的历史条件下资本主义制度发生了什么样的新变化、它的现状和前途，而且涉及这些新情况和新变化对人们思想活动的影响。"[1]在一定意义上而言，密里本德的理论研究正体现了"这些新情况和新变化对人们思想活动的影响"，而且更为有意义的是，密里本德作为一名成长、生活于英国、美国等西方发达资本主义国家之中的"独立的马克思主义知识分子"，他的看法和观点无疑能够给我们不一样的启示。

（一）新变化的具体表现

密里本德产生重要学术影响的学术思想，都是在 20 世纪 60 年代以后完成的，比如为其带来国际学术声誉的《资本主义社会的国家》，完成于 1969 年，该书写作的重要背景之一就是在二战后，发达资本主义社会的各个领域都发生了重大的变化，这导致人们对经典马克思主义中的一些对资本主义的批判和一些经典命题，比如国家性质问题的基本判断，产生了普遍的怀疑。这就在马克思主义理论传统上形成了一种迫切的理论需求，即如何在马克思主义的理论传统和理论框架中，对资本主义发生的新变化进行解释。

那么，二战后，资本主义到底发生了哪些具有重要意义的新变化呢？总体说来，二战后，资本主义主要发生了以下几方面的变化：在国际环境上，由于二战的结束，国际关系相对进

---

〔1〕　徐崇温：《当代资本主义新变化》，重庆出版社 2004 年版，第 1 页。

入一个相对和平、和谐的时期，虽然冲突和战争时有发生，但是和平和发展一定程度上已经成为当时的时代主题，这也为世界各国的经济发展创造了有利的国际环境。在国内，各发达资本主义社会一改战后初期经济匮乏的状态，进入所谓的"丰裕社会"。

第一，在经济方面，由于新技术的发展及其在生产过程中的应用，极大地促进了物质生产力的进步；在分配方面，采取了一系列旨在限制剥削、促进社会公平的分配政策和分配手段；与此相适应，传统的工人阶级物质生活消费水平出现了极大的提高，过去人们认为是有钱人的消费能力和生活水平，现在也逐渐进入了普通的人群和家庭领域。利普塞特（Lipset）据此认为，"随着国民收入的增长，消费品的分配同样也更加均衡。""像美国或者加拿大这样的巨富国家，或者像澳大利亚和瑞典这样国民财富稍逊的国家，相邻社会阶级之间的生活水准相对来说差别不大，甚至那些在社会结构中处于边缘的阶级，其消费模式也比南欧的相应阶级更接近主流阶级。"[1]

第二，在所有制和企业管理方面，传统上纯粹的以私人和家族为主的私人所有制类型逐渐松动，出现了国家所有、集体所有等混合所有制类型；在一些股份制企业中，出现了股权奖励、工人持股等诸多股权配置形式；在企业管理上，一些传统上"谁拥有、谁管理"的管理模式，向专门的、职业的经理人管理过渡，出现了职业经理人阶层。企业发生了"管理革命"，这不仅体现在前述几点之上，而且还意味着企业将更加注重自身的社会责任，不再以利润为企业行为的唯一目标和价值。对

---

〔1〕〔美〕西摩·马丁·李普塞特：《政治人——政治的社会基础》，郭为桂、林娜译，江苏人民出版社 2013 年版，第 41 页。

于此种现象，其实恩格斯很早就有所认识了，"由股份公司经营的资本主义生产，已经不再是私人生产，而是由许多人联合负责的生产。如果我们从股份公司进而来看那支配着和垄断着整个工业部门的托拉斯，那么，那里不仅没有了私人生产，而且也没有了计划性。"[1]这一特征在战后得到进一步的发展，从而成为需要认真关注和分析的经济发展特征了。

第三，在政治方面，资本主义民主制进一步发展，人权观念不断完善，公民的权利意识，尤其是基本权利观念不断增强，并在各国的宪法和具体法律制度上得到体现和保障。国家权力的范围不断扩大，尤其是行政权力的普遍运用，更是成为共识，国家行政机关对经济、文化、社会等诸多方面，实行了"从摇篮到坟墓"的全方位的管理和调节。

第四，在文化方面，由于精英教育向大众教育的转变，"识字"不再是有钱人的专利，阅读成为普通人日常生活的一部分。在这种背景下，西方传统的"精英文化"向"大众文化"转变。这种文化消费转向在传媒、音乐、文学、美学等诸多方面表现出来。同时，工人阶级文化也不断地丧失独立地位和价值，"在大众媒体的影响下，工人阶级文化正在丧失让其有价值的许多东西"。[2]

第五，在理论研究和思想意识方面，针对资本主义的种种新变化，面对"造成大规模破坏的经济和社会变化"，[3]各领域的精英和知识分子，都试图对这种现象做出解释和说明。其

---

〔1〕《马克思恩格斯选集》（第4卷），人民出版社1995年版，第408页。

〔2〕［英］艾伦·洛弗尔：《奖学金男孩》，王晓曼译，载张亮、熊婴编：《伦理、文化与社会主义：英国新左派早期思想读本》，江苏人民出版社2013年版，第326页。

〔3〕［英］拉尔夫·密利本德：《英国资本主义民主制》，博铨、向东译，商务印书馆1988年版，第3页。

中，亟需理解的第一个问题就是，什么才是战后资本主义发生诸多变化的前提和基础。

（二）变化的基础是技术

正如前文所述，虽然人们都看到了在二战以后，资本主义发生的广泛的变化，在这一方面，尤其是在其表面特征上，无论是持有何种政治倾向的人们，在这一点上都基本达成了共识。但是，对于变化的理解及其原因的解释，却存在着很大的分歧。

斯大林认为："第二次世界大战及其经济影响在经济方面的最重要的结果，应当认为是统一的无所不包的世界市场的瓦解。这个情况决定了世界资本主义体系总危机的进一步加深"。[1]事实证明，这种认识并不符合资本主义发展的客观现实和发展趋势，有教条主义之嫌。

再比如，有人从社会的根本性质角度来理解资本主义的新变化，认为资本主义的新变化，意味着资本主义社会性质的根本改变，因此需要重新思考经典马克思主义历史唯物主义对历史发展客观规律的解释和判断。

具体在英国新马克思主义内部，面对资本主义的新变化，有人尝试从文化等上层建筑角度进行理解，从而开辟出文化唯物主义的研究思路。文化研究的前奏是对"基础—上层建筑"分析和解释模式的解构和批判。汤普森就认为，这一模型是静止的模型，过分强调了经济的基础和决定作用，从而在很大程度上忽视了其他社会因素对社会历史进程的影响和作用。"我所质疑的不是对任何唯物主义者理解历史过程而言都具有重要性的生产方式，我所质疑的是一种将生产方式描述为'经济'方

---

〔1〕《斯大林选集》（下卷），人民出版社 1979 年版，第 561 页。

式，而将道德与文化置于次要地位的概念。"〔1〕

对于"基础—上层建筑"这一历史唯物主义的基本模型，密里本德也进行了分析。密里本德认为，纵观经典马克思主义的理论著作，可以看出，无论是马克思，还是恩格斯，都不是"经济决定论"者，只是由于在一些场合，为了理论阐释和理论反驳的必要性，从而过多地强调了经济方面的作用。但是，密里本德认为，真正的问题并非马克思主义是不是"经济决定论"，"问题毋宁是：马克思主义者对经济'下层建筑'和生产方式的重要性的完全合理的强调，在涉及社会分析方面导致了马克思主义思想上明显的'经济论'，尽管对'经济决定论'在形式上采取否定的态度。"〔2〕在这里，密里本德虽然认为经济基础—上层建筑模式带来了一些弊端和不好的理论倾向，但依然认为马克思主义者对经济基础和生产方式重要性的强调，是完全合理的。也就是说，与密里本德同时代的许多英国新马克思主义学者相比，密里本德对这一经典马克思主义的理论模式和思维方式，采取了一种辩证和宽容的态度。密里本德之所以会持这种态度，并非是僵化的教条主义的体现，毋宁说，作为一名马克思主义学者，他本身就非常赞同经典马克思主义的基本观点。虽然，在其毕生的理论研究中，他也频繁运用许多创新的方法和视角来分析、解释现实问题，但始终没有脱离经典马克思主义的基本理论结论和理论范式。

密里本德强调"基础—上层建筑"模式对理解、分析和解释现实问题的基本性和统领性，这从他坚持在纷繁复杂的社会

〔1〕 Harvey J. Kaye and Keith McClelland, *E. P. Thompson critical perspectives*, Cambridge, Polity Press, 1990, p. 138.

〔2〕 ［英］拉尔夫·密利本德：《马克思主义与政治学》，黄子都译，商务印书馆 1984 年版，第 11 页。

现实和熙熙攘攘的理论较量中，对发达资本主义生产方式和生产能力的强调中体现出来。

首先，他强调了现代资本主义社会都是技术先进、工业水平发达的工业社会。技术即工业的本质，同时，技术的本质就是人的本质力量的具体体现。"工业是自然界同人之间，因而也是自然科学同人之间的现实的历史关系。"〔1〕列宁在1920年曾经提出一个著名的公式，说苏维埃加上电气化就是共产主义。苏维埃指的是国家政权的组织形式，电气化指的是技术的发展、应用与普及，以及与之相应的社会生产力的发展和提高。可见技术与政治的紧密相关性，技术的不断发展，促进资本主义社会"极其宏大的、复杂的、极为完整的和技术上很发达的"〔2〕工业体系的形成、完善与加强。随着资本主义体系下，技术的不断发展和应用，资本主义工业体系日益完善，在人类历史上创造了无可比拟的生产力。当年马克思恩格斯所处的年代，资本主义就展现了历史上无可比拟的生产能力，在当代，随着资本主义技术创新能力的不断提升，更是展现出这一特点。这是分析资本主义、展开对资本主义的批判，所不可忽略的前提。因此，不应当顾此失彼，在对资本主义进行文化批判时，反而忽略了基本的现实基础。

其次，在上述前提基础上，密里本德认为，发达资本主义社会的基本的生产关系是工业关系。工业关系的形成与西方发达资本主义国家的经济结构和物质生产模式息息相关，也可以说，后者是前者的前提和基础。密里本德观察到，西方发达资本主义国家经济类型最大的共性就是它们都"具有极其宏大

〔1〕　乔瑞金：《马克思技术哲学纲要》，人民出版社2002年版，第24页。
〔2〕　[英] 拉尔夫·密里本德：《资本主义社会的国家》，沈汉、陈祖洲、蔡玲译，商务印书馆1997年版，第12页。

的、复杂的、极为完整的和技术上很发达的经济基础，同时工业生产在整个国民生产总值中占极大比例，而农业在经济活动中只构成较小的部分”。[1]因而，它们都是技术高度发达、经济门类齐全的工业社会，在资本主义工业经济的基础上，结合其生产资料私有制的所有制性质，形成了资本主义工业关系。

在现代工业生产的背景下，工业关系成为发达资本主义社会主要的生产关系。因为工业关系虽然以生产过程为基础，但其影响力却远不限于此，可以说发达资本主义社会的制度规定、政治进步、文化发展、社会矛盾、理论生产等都可以在工业关系不断的冲突和协调中得到解释和说明，工业关系“组成了它们经济外观一个特殊的重要部分，并同时深刻地影响着它们的社会和政治外观”。[2]

工业关系包含“工业的两个方面”[3]，即资本家和工人。在工业关系中，工人往往是以集体的形式出现的，比如以工会的形式。一般认为，工会的斗争目标是争取更有利的“工资、工时和工作条件”，除此之外，难以提出更高目的的斗争要求，因而容易形成“工联主义”意识，按照较为正统的理解，工联主义对彻底的阶级斗争有阻碍作用。但密里本德认为，在诸如英国这样的老牌工业化国家，“在地方、地区或全国范围内，在一个工业部门或者跨越许多工业部门，在团结较强或较弱的情况下，围绕着工资、工时和工作条件，或者为了实现更大的经

---

〔1〕[英]拉尔夫·密里本德：《资本主义社会的国家》，沈汉、陈祖洲、蔡玲译，商务印书馆1997年版，第13页。

〔2〕[英]拉尔夫·密里本德：《资本主义社会的国家》，沈汉、陈祖洲、蔡玲译，商务印书馆1997年版，第16页。

〔3〕[英]拉尔夫·密里本德：《资本主义社会的国家》，沈汉、陈祖洲、蔡玲译，商务印书馆1997年版，第86页。

济、社会和政治目的，通过种种不同的形式，阶级冲突一直是并且现今依然是英国生活中主要的和持久的事实。"[1]也就是说，在这些国家，工业关系领域是发达资本主义社会阶级关系的主要发源地和发生地；对于"工联主义"，密里本德评价道："列宁的'工联主义'观点，极大地低估了这种压力的本质和范围。正是'工联主义'诸如更高的工资、更短的工时、更好的工作条件等这些看似平凡但至关重要的诉求，扩大了公民权和政治权，并且极大地影响甚至威胁着现状。"[2]在一定程度上可以说，资本主义国家职能、民主政治、法律制度等所谓上层建筑的不断完善和发展，与工业关系顺利发展的要求和推动是分不开的。

在国家职能方面，资本主义国家的许多职能都是为资本家利益服务的。比如二战后，发达资本主义国家中重要国民经济部门的国有化运动，很大程度上是由于这些重要的经济部门投资大、投资回报速度慢、利润率低，但这些部门又是发展资本主义经济必不可少的部分，国家"通过管理、控制、协调、'计划'等途径，在所有的资本主义经济中常常起着一种更大的作用。"[3]对于私有企业，"某些重要的工业部门如果没有国家的光顾和贷款、补助金以及国家所实施的保护，就无法维持下去。"[4]但是，也不能简单地把资本主义国家视为资本的工具，

---

〔1〕　[英] 拉尔夫·密利本德：《英国资本主义民主制》，博铨、向东译，商务印书馆 1988 年版，第 15 页。

〔2〕　Ralph Miliband, *Socialism for a Sceptical Age*, Cambridge, Polity Press, 1994, p. 135.

〔3〕　[英] 拉尔夫·密里本德：《资本主义社会的国家》，沈汉、陈祖洲、蔡玲译，商务印书馆 1997 年版，第 13 页。

〔4〕　[英] 拉尔夫·密里本德：《资本主义社会的国家》，沈汉、陈祖洲、蔡玲译，商务印书馆 1997 年版，第 13 页。

因为资本主义国家还具有一定的自主性，"在实行普选制和政治竞争的条件下，任何政府都不能全然漠视其他一些在其不同利害关系上往往是互相冲突的力量"，[1]其中最重要的力量就是"参加工会的工人"。[2]

在民主政治方面，虽然从形式上看，发达资本主义社会公民意识发达，拥有完善的民主制度和保障，但是密里本德认为，资本主义国家机器的所有称为"民主"的体制，从本质和本意上而言，完全不是按照民主的原则和要求设计和运行的，反而是为了在主要的权力领域排除民主的精心安排，因此资本主义民主政治充满着矛盾、紧张和冲突。那么，为什么资本主义要保持平等和民主的表面特征呢？其主要原因就在于工业关系中"自下而上地施加压力和提出要求"[3]。

在法治方面，发达资本主义社会法律制度的发展和完善，与资本主义工业关系中劳资双方的对立、矛盾和冲突的解决密不可分。资本主义法律原则倾向于在法治的范围内来化解社会阶级矛盾，形成"工业冲突制度化"，从而避免劳资双方过于激烈的阶级斗争，把双方的矛盾限制在可控的范围内，"以使所谓的'工业关系'免于走上政治对抗的轨道"[4]。工业冲突制度包括许多方面，比如经济上劳资谈判模式的确立与常态化，工业谈判内容限于工资、工时、工作条件等针对性内容，劳工运

〔1〕［英］拉尔夫·密利本德：《英国资本主义民主制》，博铨、向东译，商务印书馆1988年版，第115页。

〔2〕［英］拉尔夫·密利本德：《英国资本主义民主制》，博铨、向东译，商务印书馆1988年版，第115页。

〔3〕［英］拉尔夫·密利本德：《英国资本主义民主制》，博铨、向东译，商务印书馆1988年版，第2页。

〔4〕［英］安东尼·吉登斯：《社会学：批判的导论》，郭忠华译，上海译文出版社2013年版，第31页。

动组织的合法化、政治民主范围的扩大，议会民主制的逐步发展和完善等。尤为重要的是，这些工业冲突制度的确立，都是以相关法律制度的制定和完善为前提和保障的。发达资本主义国家之所以选择法治作为其处理工业冲突的主要手段和方式，这和法律所具有的独特特点息息相关。其一，现代法律都是在公意的基础上制定的，事先经过了严格的程序，保障了公众的知情权和参与权，是在包括统治阶级和被统治阶级同意的前提下制定的，这就为法律的合法性以及统治阶级根据法律进行统治提供了合法性和正当性；其二，法律从根本上通过国家强制力得到执行，容易保障规则的遵守，实现预定的目的。因此，在密里本德看来，工业冲突制度化既有利于资本主义"契约自由"精神的贯彻和灌输，又符合资本主义"同意工程学"的原理，实现了权威性和合法性的结合。这样，法治原则不仅成为资本主义政治的一项基本原则，更是维持其存在和发展的合理性和合法性的重要手段。比如资本主义国家的议会民主制，不仅是作为资本主义宪政制度的一项基本制度而存在，"它的重要性并非源于它拥有的实权，而是在于这样的事实，即它十分重视一切经过选举的原则，从而使我国政府具有绝对不可缺少的合法性"。[1]其三，在发达资本主义社会，正是技术的创新、发展和运用，使得发达资本主义社会的阶级斗争非但没有消失，而且以多元化的形态和方式表现出来。二战后，发达资本主义社会的阶级斗争虽然与传统的阶级斗争相比有了很大的变化，但是阶级斗争并没有消失，反而呈现出多元化的态势，而这与技术的创新应用息息相关。

首先，技术日益成为统治阶级阶级统治的工具，成为上层

〔1〕 ［英］拉尔夫·密利本德：《英国资本主义民主制》，博铨、向东译，商务印书馆1988年版，第25页。

阶级遏制下层压力的主要手段和借口之一。阶级斗争不仅表现为自下而上的斗争，也包括自上而下的斗争，而现代技术，包括军事技术和战争技术，也成为阶级斗争的重要领域；同时，从现实考察，在这个领域，依然由统治阶级占据主导地位。密里本德在谈到核武器和核战争的威胁时说到，二战之后美国、苏联两个超级大国奉行冷战思维，进行军备竞赛，多次发生诸如古巴危机的核战争威胁，固然有多重原因，也产生了多重结果。但是美苏之间的核战争威胁还是给资本主义社会的统治阶级带来了压制国内阶级斗争的目的。具体讲，统治阶级通过其各种代理人，利用统治阶级与从属阶级在占有信息等方面的不对称，大肆渲染苏联、核战争以及星球毁灭的威胁，一方面煽动国内民众对共产党政权的敌视和仇恨，增加民主程序中公众对国家国际、国内政策的支持率，同时为以后的政党大选打下民意基础；另一方面，上述威胁还成为政府侵害公民权利的有力借口，政府往往会以国家利益、国家安全为理由，使窃听公众通信、搜查公民身体、搜查住宅等政府侵权行为逐渐成为常态。因此，冷战思维在科技的推动下，又产生了新的社会异化，"我们时代的科学使人类理解物理世界的本质的能力有了惊人的提高的可能性。但是正当拓展知识的时候，它也极大地拉开了少数的知与多数的无知之间的差距。……但是冷战时代大众的无知不仅仅是关于科学方面的，也包括科学服务于集体死亡。我们时代的异化已经获得了一种新的尺度，但是它不仅仅是来自科学现实方面的异化；也是来自军事—政治方面的异化。"[1]

其次，技术的发展扩展了传统阶级斗争的领域和方式。传

---

〔1〕 ［英］拉尔夫·密里本德：《当代资本主义政治》，载张亮、熊婴编：《伦理、文化与社会主义：英国新左派早期思想读本》，江苏人民出版社 2013 年版，第202 页。

统上，阶级斗争主要是以经济斗争和政治斗争为主，在发达资本主义社会的早期，斗争场所主要是工厂和街头，斗争方式从工人阶级来说，主要是谈判、罢工、游行等抗议和诉求表达方式。但随着现代通信技术的发展，电视、网络逐渐进入千家万户，报纸和杂志也不再是专属于精英阶层的需求和消费，因此以上述信息载体为传播媒介的文化传播和文化消费成为一种大众化需求，成为一种客观的消费现实。这种情形下，意识形态斗争和文化斗争已成为常态，而且日益成为阶级斗争的新方式，传播媒介也成为阶级争夺的新领域。作为英国新马克思主义的活跃代表，密里本德也深受文化马克思主义理论的影响，他十分重视对发达资本主义社会文化领导权的分析。他认为，在资本主义社会，文化霸权成为阶级统治的新方式、新途径。通信技术、传播技术的发展，使得统治阶级更容易发挥其在文化领域的主导作用，传播资产阶级文化价值观，营造有利于统治阶级的文化氛围。"在这方面，报刊是维护现有社会制度的过程的一个重要部分，它像念经那样天天歌颂现有体制的优点，天天像念咒那样力图祛除任何意图代替现有体制的激进体制。"[1]密里本德对传统的信息传播媒介以及新兴的通信媒体的行为方式和传播内容有着深刻认识，在谈到英国的广播电视和报纸的区别时，他认为二者在所有制和控制方式上有所不同，对于广播当局，政府是最后的权威所在，而报纸等传统媒体本身就是资本主义商业体系的一部分，虽然受到"出版自由"原则的保护，但是作为"商界的固有部分"，其从业人员的"正统观念"非常重要。因此，总体而言，发达资本主义社会的各类信息媒介都在努力创造一种有利于资本主义统治的舆论环境和信息环境，

---

〔1〕［英］拉尔夫·密利本德：《英国资本主义民主制》，博铨、向东译，商务印书馆1988年版，第102页。

从而帮助"现在社会处于一种鼓励琐事和引起混乱的气候中，所以对事物的公共辩论给出了一种拥有自由的外观却没有危及现实的权力。"[1]

再者，技术的发展使得阶级斗争突破一国的国家界限，日益具有国际化的趋势和特征。密里本德在《分化的社会—当代资本主义社会的阶级斗争》这本著作里，专门对发达资本主义社会的阶级斗争问题进行了分析，在谈到国际范围内的阶级斗争时，他表达了这样一种隐喻，当前国际范围的阶级斗争虽然形式多样，并且时而明显时而隐蔽，但是这些国际关系和阶级斗争都是以技术的革命和发展为背景的，技术为国际范围的阶级斗争提供了现实的背景和条件。在之前的资本主义社会，科学技术不发达，决定了一种相对简单的国际关系，国家之间仅限于或者交战或者和平以及有限的经济、文化等方面的交流；但是技术革命发生、繁荣以后，国家之间的关系变得十分复杂，尤其是在二战以后，在现代技术的推动之下，国家之间的关系变得更为纷繁复杂。美国的霸权主义、美苏两个超级大国的军备竞赛、发达资本主义国家的干涉主义、局部危机与战争等等，在密里本德看来，无不是阶级斗争的新形式。从一定意义上来说，是在以技术为背景的全球化过程中的、阶级斗争的国际化表现，是国内阶级斗争的延伸和发展。在1983年的论文《和平与战争政治学》中，密里本德分析了美国和苏联两个超级大国之间发生以核战争为主要特点的"第三次世界大战"的可能性的威胁，认为两国之间的"核交换"将比任何其他战争的危害性、破坏性都要更具有灾难性和毁灭性。认为两国之间的战争

─────────

〔1〕 〔英〕拉尔夫·密里本德：《当代资本主义政治》，载张亮、熊婴编：《伦理、文化与社会主义：英国新左派早期思想读本》，江苏人民出版社2013年版，第202页。

不可避免的原因之一就是由一系列技术偶然事件引起，比如"美国或者苏联的军事计算机错误地指示出一个国家向另一个国家发起了核袭击。"[1]但是"引起偶然事件的因素不仅仅在于客观的技术层面，更多地依赖于危机事件发生的国际形势"。[2]因此，从表面上来看，类似于古巴危机的事件，或许是由一系列深具偶然性的事件引起，但事实上，其有着深刻的内在原因，并且从本质上讲，是由超级大国的自身的整体利益决定的，"因此，我们应该回归本源，追问是什么力量得以形成这种国际形势、制造了可能导致灾难的危机。"[3]那么，什么才是两国之间矛盾的根本原因呢？"从本质上讲，美国和苏联之间军事矛盾起源于五十年代后期革命运动的猛烈发展。"[4]对共产主义以及对世界其他国家的风起云涌的革命浪潮的恐惧和镇压才是美国二战后所有国际行动的真正根源。

最后，新社会运动在一定程度上具有阶级斗争的性质，而新社会运动有的由技术的滥用引起，有的由技术的发展和运用所促进。新社会运动虽然在二战以后的六十年代以后逐渐繁荣起来，但是其历史却源远流长。新社会运动包括女权主义运动、性解放运动、核裁军运动、生态运动、同性恋运动、学生运动等多种形式。1968 年，法国爆发了由青年学生和工人阶级组成的激进运动"五月风暴"，虽然这一运动很快就偃旗息鼓了，但是其所展示的内涵和意义却引起了人们尤其是左派的强烈关注，

〔1〕 Ralph Miliband, *Class Power and State Power*, London, Verso, 1983, p. 260.

〔2〕 Ralph Miliband, *Class Power and State Power*, London, Verso, 1983, p. 261.

〔3〕 Ralph Miliband, *Class Power and State Power*, London, Verso, 1983, p. 61.

〔4〕 Ralph Miliband, *Class Power and State Power*, London, Verso, 1983, p. 263.

这说明，在资本主义的和平和繁荣时期，发动一场革命还是可能的。自此，"五月风暴"拉开了新社会运动的序幕，从此，多种形态的新社会运动蓬勃发展，它们的诉求也各不相同。英国的核裁军运动主张单方面的以及国际范围内的核裁军，主张通过协议来加强国际范围内的武器控制，反对核武器、生物武器和化学武器的使用；生态运动是在技术大量滥用、生态环境日益恶化的背景下而发展起来的社会运动；同性恋运动致力于人类感情的多元化诉求，希望运用现代医学技术来证明同性恋行为的"先天性"和"非病理性"；等等。密里本德承认，新社会运动对于社会的进步非常重要，因为它们提出了新的问题，动员了大量的民众，能够对社会产生重大的影响。但是，新社会运动与阶级运动并不能完全等同，因为许多新社会运动的领导人主要是资产阶级或小资产阶级，它们的诉求也超出了阶级斗争的范围。但是，新社会运动又与阶级斗争紧密相连，许多新社会运动在一定程度上也可以纳入阶级斗争的范围。因为它们与阶级斗争一样，"都反对现行的权力结构、国家政策和传统的思想模式"，[1]都是发达资本主义社会来自下层人民的斗争和压力的一部分，对社会的改良和进步有着积极的作用。同时，密里本德又强调，在发达资本主义社会，劳工运动依然是最主要、最重要的斗争形式，因为各种新社会运动只是在局部提出了某种诉求，而劳工运动对社会目标的要求，却是整体性、全方位的。

可以看出，现代意义上的资本主义社会是一个变化的社会，这种变化不仅是经济方面的，更是政治、文化、社会、思想等领域全方位的变化。同时，这种变化需要用传统的理论和创新

---

〔1〕 Ralph Miliband, *Divided Societies: Class Struggle in Contemporary Capitalism*, Oxford, Clarendon Press, 1989, p. 96.

的理论进行合理地分析和解释。

具体在法哲学理论方面，如何应对新发的政治现象和政治思想，显得刻不容缓，尤其是对于 19 世纪后期以及 20 世纪中叶以前曾经在世界范围内产生过重大影响的马克思主义而言，更是如此。那么，面对现实层面对经典理论的巨大挑战，应当采取什么样的态度呢？是不顾客观现实的闭门造车、自说自话，还是无奈屈从于现实的急剧变化，完全放弃马克思主义的基本理论框架和社会分析方式呢？密里本德选择了一种发自内心的坚持：既承认相比于马克思恩格斯所处的时代，发达资本主义社会确实发生了巨大的变化，在很多方面取得了很大的进步，又力图运用马克思主义的基本原理和方法对这种变化进行分析和解释。这样做的第一个前提，就是分析资本主义社会发生变化的基础是什么。密里本德认为变化的基础就是技术，正如吉登斯（Giddens）所言，"在全球时代，造成经济相互依赖程度提高的动力主要不是市场而是通信，特别是过去二三十年里取得了显著进步的卫星技术和计算机技术"。[1]

（三）对技术决定论的驳斥

对于技术与社会的关系，主要形成了两种基本的观点和理论，即"技术决定论"和"社会建构论"。技术决定论认为，技术是社会发展和进步的主要推动力，甚至是唯一决定因素；社会建构论则主要强调社会对技术发展的影响和制约作用。技术决定论主要发轫于 20 世纪 20 年代，其主要代表人物有奥格本、埃吕尔、鲍德里亚等人。技术的社会建构论形成的时间比技术决定论晚，主要产生于 20 世纪 80 年代左右。

技术决定论的基本主张主要在于两点：一是认为技术是自

---

〔1〕 [英] 安东尼·吉登斯著、郭忠华编：《全球时代的民族国家：吉登斯讲演录》，江苏人民出版社 2010 年版，第 7 页。

律性的存在，其发展并不依赖于技术之外的因素控制；二是认为技术是社会发展的决定性因素。在持技术决定论的代表性学者之中，有的倾向于极端的技术决定论思想，而有的学者则较为温和，但从整体上看，其也呈现出明显的技术决定论观点。

奥格本（Ogburn）通过对技术社会学的系统研究，对历史发展进行了技术性的解释，认为技术是社会发展的主要推动力。埃吕尔（Ellul）则对技术的决定作用持一种消极悲观的态度，他认为："技术对于经济和政治而言是自主的。我们已经看到，在当前，无论是经济的还是政治的进展都不能制约技术的进步，技术进步也不取决于社会形势。……技术会制约和诱导出社会的、政治的和经济的变革，技术是所有其他东西的最初动因。"[1]海德格尔（Heidegger）认为："座架意味着对那种摆置的聚集，这种摆置摆置着人，也促逼着人，使人订造着把现实当作持存物来解蔽。座架意味着那种解蔽方式，此种解蔽方式在现代技术之本质中起着支配作用，而其本身不是什么技术因素"。[2]

马尔库塞（Marcuse）认为，当今时代是一个技术控制和技术决定的时代，是技术控制下的极权主义时代，"技术'中立'的传统观念不能再维持下去了，不能把技术本身同它的用处孤立开来；技术的社会是一个统治体系，它已在技术的概念和构造中起作用。"[3]在这样一个以技术为中介的社会，经济、政治、文化等方面日益融合成一个无所不在、无所不包的整体，吞噬着人的自由选择、批判本性和革命要求，在这种极权主义

---

〔1〕 Jacques Ellul, *The Technological Society*, tran. by John Wilkinson, New York, Vintage Books, 1964, p. 20.

〔2〕 孙周兴选编：《海德格尔选集》，生活·读书·新知上海三联书店 1996 年版，第 937 页。

〔3〕 ［美］赫伯特·马尔库塞：《单向度的人——发达工业社会意识形态研究》，张峰、吕世平译，重庆出版社 1988 年版，第 7 页。

体制下，人日益成为丧失批判性和革命性的"单向度的人"。

对于马克思的基本技术思想方面，某种程度上形成了争论。有人认为，马克思本身也是一名技术决定论者，梅森（Masen）批评马克思把生产技术看成是唯一决定文化和社会的结构，海德（Hide）也在批判马克思的技术观及其影响时说："在一种有限的意义上，在他强调（技术的）生产方式里，马克思是技术决定论这种观点的先行者。"[1]但是，也有学者反对把马克思简单地看成技术决定论者，比如米勒（Miller）在谈到这个问题时，就认为："马克思的确反复坚持认为，生产力的发展与随之而来的束缚刺激了基本的社会变迁，但如果生产力等同于技术，那么马克思在书写历史时就会与这个原则产生激烈冲突。除非马克思有巨大的能力可以前后不一致，否则他一定在广义上使用生产力这个术语。'生产力'狭义的技术解释不仅不符合马克思的历史实践，而且与他的许多篇章激烈冲突"。[2]

事实上，马克思、恩格斯对待技术，一直持有辩证的态度。一方面，马克思肯定了技术的发展对资本主义生产力的推动作用和对生产关系的塑造作用。马克思认为，科学技术与社会生产的作用是相互促进的。科学知识通过技术转化，运用于社会生产过程，极大地促进了资本主义生产力的发展；同时，科学技术的发展又依赖于社会生产力发展的旺盛需求，马克思在《机器、自然力和科学的应用》一书中指出："自然科学本身的发展，……是在资本主义生产的基础上进行的，这种资本主义生产第一次在相当大的程度上为自然科学创造了进行研究、观

〔1〕 D. Hide , *Philosophy of Technology*：*An Introduction*，New York，Paragon House Publishers，1993，p. 100.

〔2〕 R. W. Miller , *Analyzing Marx*：*Morality*，*Power and History*，Princeton，Princeton University Press，1984，p. 193.

察、实验的物质手段。……随着资本主义生产的扩展，科学因素第一次被有意识地和广泛地加以发展、应用，并且体现在生活中，其规模是以往的时代根本想象不到的。"〔1〕因此，从生产发展和历史进步的角度来讲，技术是积极因素，甚至是一种在历史上起推动作用的革命力量。另一方面，马、恩对资本主义条件下技术的发明和运用，又保持了高度的警觉。恩格斯警告人类不应过分陶醉于人对自然界的胜利，因为每一次胜利，"自然界都报复了我们"。〔2〕马克思则从技术异化的角度进行了分析。技术作为促进生产力发展和推动历史进步的革命力量，在资本主义生产条件下，日益成为资本的必要构成要素，技术的构思、设计、发明和运用，技术的具体形态和发展程度，都要服从于资本主义发展生产的需要，服从于资本家攫取利润和超额剩余价值的需求，在这种状况下，技术的作用和功能日益异化，日益站在工人和劳动的对立面。而且，技术的异化在资本主义的条件下，不可能得到消解和克服。

对于技术与社会的关系问题，密里本德基本秉承了经典马克思主义的理论态度，主张采取一种客观、全面、理性的态度来看待技术的发展和作用。一方面，正如前文所言，密里本德十分重视发达资本主义社会发展中的技术因素和影响；另一方面，他又认为，对于技术与社会的关系，并非是由前者决定后者，相反，对于一个社会的整体发展而言，技术的影响是有限的，而且在一定意义上而言，反而是社会制约着技术的发展、进步与运用价值和效果。

密里本德承认，技术尤其是二战以来科学技术的迅猛发展，

---

〔1〕 ［德］马克思：《机器。自然力和科学的应用》，人民出版社 1978 年版，第 212 页。

〔2〕 《马克思恩格斯选集》（第 3 卷），人民出版社 1972 年版，第 517 页。

确实是考察发达资本主义社会政治关系时不可忽视的基本事实，其对发达资本主义的经济、政治、社会生活等方面的影响是显而易见的。因此，应当客观、现实、辩证地看待技术。从技术对一国总体经济影响的情况来看，"全面高度自动化在七十年代早期对总就业（被雇佣的工资劳动者的数量）在短期和中期的影响本质上是不存在的（考虑到不同职业部门的转换，这点当然很真实），在今日以及可预见的将来，它都会保持着适度的影响"[1]，密里本德同时又引用同一位作者的话说："最近的OECD研究预测在现在和九十年代之间，自动化将会在西方削减掉4%到8%的现有工作岗位，在世界范围内则会削减2%至5%的工作岗位。"[2]可以看出，在发达资本主义社会的发展中，技术确实是不可忽视的力量，尤其在经济上，技术的作用和影响更为直接和明显。

但是，"当我们研究人类事物时，必须谨防任何形式的决定论错误，如果我们把技术从它所适用的社会框架中抽离出来，那我们就不可能对技术有充分的认识。"[3]因此，客观、正确地认识技术，还需要从技术本身，甚至从技术的直接功能中跳脱出来，转而考察技术的社会价值，以及社会对技术发展的影响、制约甚至决定作用。"使用机器的方式和机器本身完全是两回事。火药无论是用来伤害一个人或是用来给这个人医治创伤，它终究还是火药。"[4]因此，密里本德反对任何形式的技术决定

〔1〕 Ralph Miliband, *Divided Societies: Class Struggle in Contemporary Capitalism*, Oxford, Clarendon Press, 1989, p. 49.

〔2〕 Ralph Miliband, *Divided Societies: Class Struggle in Contemporary Capitalism*, Oxford, Clarendon Press, 1989, p. 49.

〔3〕 ［英］安东尼·吉登斯：《社会学：批判的导论》，郭忠华译，上海译文出版社 2013 年版，第 45 页。

〔4〕 《马克思恩格斯选集》（第 1 卷），人民出版社 1995 年版，第 161 页。

论或者技术中立论思想。他承认技术在社会发展尤其在资本主义社会发展中的重要地位和作用，但他更倾向于关注技术背后的社会制度因素对具体的技术开发和运用的根本性约束，在发达资本主义社会，技术发展的动机、目的、开发和运用的过程和结果，都受到资本主义私有制以及资本家追求高额利润的价值观和行为动机的深刻制约。因此，虽然技术在很大程度上重构了资本主义社会的社会结构，但是在资本主义体制下，技术的发展和运用依然陷入了深刻的异化状态。

密里本德认为，后现代主义社会是一个解构的社会，同时又是一个重构的社会。技术的问题，说到底还是人的问题；在资本主义条件下，则是生产关系的问题。资本主义不会停止其追求超额利润的脚步，技术也不会停止其发展和扩张的现实。资本主义采取各种令人迷惑的形式进行统治，技术随之表现出各种各样的异化方式。在资本主义的控制下，人们滥用技术，造成资源浪费、毒品泛滥、暴力频繁、浪费严重、生态破坏等等数不胜数的罪恶。在这个过程中，"人工劳动，在统治和从属的背景下，总是一个问题；'死的'劳动，机器，则几乎没有如此麻烦。"[1]

这样，密里本德就把技术批判自然引申到法哲学批判，具体就是发达资本主义体制下的技术政治批判，在此基础上，探寻和重新解释、发展了资本主义的基本矛盾和主要矛盾，并为社会主义取代资本主义寻找现实中的依靠力量。他认为，超越资本主义、实现社会主义，并非是不切实际的老生常谈和凭空幻想，因为在资本主义体制下，"由于经济体制的物质能力以前所未有的步伐展示它对人类解放的宏伟诺言，这使得它在履行

---

〔1〕 Ralph Miliband, *Divided Societies: Class Struggle in Contemporary Capitalism*, Oxford, Clarendon Press, 1989, p. 10.

其诺言时的无能变得更加显眼了，这并非新矛盾，只是在生产和技术进步中更加清楚地暴露了它自己。"[1]而"新社会的追求并非一种愿景和空想，而是在客观上牢固地植根于物质条件、人类愿望和历史经验之中。"[2]

二、发达资本主义社会是法权批判的现实场景

二战后，资本主义社会的新进展、新变化，具有什么样的理论意义？人们是如何看待这种变化的？它对经典马克思主义是否构成了挑战甚至是威胁？马克思主义的基本思维方式和理论研究范式是否依然有效？

（一）发达资本主义社会：关于社会性质的一个基本判断

根据霍布斯鲍姆的考察，社会主义的概念、性质、内涵与意义并不是一成不变的。社会主义原本产生于"社会"一词，主要表征人在本质上是集体的、社会性的存在。因此，社会主义的原初意义并没有根本社会制度的含义，但是在本质上，社会主义的集体价值理念与资本主义的个人主义根本价值观的区别是十分明显的。社会主义的思想与实践发端于英国和法国，19世纪30年代以来，其影响不断地向外传播。直到19世纪80年代以来，马克思主义社会主义逐渐走上了集体政治行动的道路，社会主义的政治内涵和意蕴日益明显。[3]1917年俄国的十月革命，引起了传统资本主义国家的恐惧和排斥，至此，社会主义作为一种与资本主义尖锐对立的政治力量日益发展和兴盛，

〔1〕[英]拉尔夫·密里本德：《资本主义社会的国家》，沈汉、陈祖洲、蔡玲译，商务印书馆1997年版，第268页。

〔2〕Ralph Miliband, *Divided Societies*: *Class Struggle in Contemporary Capitalism*, Oxford, Clarendon Press, 1989, p.18.

〔3〕曹伟伟：《霍布斯鲍姆的民族国家思想研究》，山西大学2013年博士学位论文，第95页。

"十月革命，建立了人类史上第一个后资本主义国度与社会，不但为世界带来历史性的分野，而且也在马克思学说与社会主义政治之间，划下一道界线。"[1]

二战后，随着西方各发达资本主义国家出现了新变化，出现了各种对此种现象和情况的解释性、分析性理论，这些理论或者是从社会主义和资本主义两种制度的对立角度出发，或者是从两种制度的替代关系角度出发进行探讨。其中最具代表性的理论是通过各种理论解释，力图为资本主义制度进行辩护，直接或间接地消解马克思主义的基本理论框架和问题。

其中一种最具代表性的理论就是工业社会理论。随着工业技术的发展、工业效率的提高，在一些经济发达社会中，工业部门发达且在国民经济中占有重要的比重，农业部门等传统经济部门只占有很小的比例，与这种经济发展现象相适应，产生出与马克思主义的资本主义社会理论相对应的另外一种理论——工业社会理论。可以说，工业社会理论源远流长，从圣西门开始，有许多代表性的思想家。以法国著名的社会学家雷蒙·阿隆（Raymond Aron）为例，他认为资本主义制度和苏联式的制度"在一定意义上说，它们是同一类事物的两种形态"。二者都是工业社会，因为它们具有相同的特征：其一是"人数日益增多的劳动力被工厂或服务部门雇佣"[2]，其二是更加关注劳动生产率的提高，其三是技术的不断进步是人们过上更好生活的唯一途径。因此虽然他承认两者之间存在差别，但其始终认为，在所谓的"铁幕"两边，两种制度不存在根本差别。

〔1〕［英］霍布斯鲍姆：《极端的年代》（上），郑明萱译，江苏人民出版社1998年版，第560页。
〔2〕［法］雷蒙·阿隆：《阶级斗争：工业社会新讲》，周以光译，译林出版社2003年版，第4页。

因此阶级和阶级斗争只是早期工业社会—资本主义社会张力的表现和产物，随着技术的不断发展、工业化进程的推进，人们生活水平不断提高，平等地位得以拓展和巩固，阶级流动性增强，阶级身份的界定日益困难，因此阶级矛盾不再是社会的主要矛盾，社会的基本冲突也不再具有你死我活的阶级斗争性质。另一位工业社会理论家达伦多夫也认为，资本主义社会注定是要被超越和取代的社会，因为资本主义社会"仅仅是工业社会的早期形式"，而工业社会"才是无可避免地将要主导我们时代的社会"。[1]

另外一种代表性理论是从社会主义取代资本主义需要完成的历史任务角度进行分析的。这种理论认为，基于战后资本主义的显著变化与进步，社会主义所宣称的对资本主义进行彻底改造的目标和任务已经实现了，因此，资本主义在历史的发展和进化中已经被自然超越了，"工业革命的基本政治问题已经解决；工人已经取得了工业和政治上的公民地位；保守党人已接受了福利国家；左翼民主派已经承认，国家权力的全面增长对自由的危害，远比解决经济问题为甚。"[2]既然，资本主义的根本弊端已经被克服，因此，传统上社会主义与资本主义的根本紧张与对立点已经消除了，从本质上而言，资本主义已经被消解和超越了，因而需要重新审视和定义所谓的"资本主义社会"。

密里本德对战后社会性质的判断，与上述观点正好相反。他认为工业社会理论只看到事物的表面，而有意或无意地忽略了事物的本质。他坚信马克思在19世纪对自由竞争资本主义的

---

〔1〕 [法]雷蒙·阿隆：《阶级斗争：工业社会新讲》，周以光译，译林出版社2003年版，第4页。

〔2〕 [美]西摩·马丁·李普塞特：《政治人——政治的社会基础》，张绍宗译，上海人民出版社1997年版。转引自 [英]拉尔夫·密里本德：《资本主义社会的国家》，沈汉、陈祖洲、蔡玲译，商务印书馆1997年版，第14页。

观察和判断依然适用于 20 世纪的资本主义社会。密里本德承认，随着科学技术的发展、资本主义产业部门的调整、经济形势和经营方式的转变，无论是发达资本主义社会的阶级状况、阶级结构还是国家的职能、民主法治等诸领域都发生了很大的变化，但这不意味着资本主义国家两大对立阶级的模糊甚至消失，也不意味着经典马克思主义作家对资本主义社会的本质定性已经失效。恰恰相反，发达资本主义社会民主政治的发展在一定程度上是资本主义生产工业化的结果，技术与工业生产的进一步结合，不仅不会削弱发达资本主义的政治特征和本质，反而是对其特征和本质的进一步增强。因为虽然二战后，发达资本主义国家的功能日益显著，资本主义经济也存在着大量的公有部分，但是资本主义社会的大部分经济仍由私人控制，国有部分只占有很小的比例，而且国有领域的范围也极为有限，只是"混合经济"的观点和现实对人们认识资本主义社会的本质起了很大的迷惑作用。对于战后经济发达的资本主义国家消费领域所发生的变化，密里本德认为，这并不能够从根本上消解马克思主义的基本命题，因为，其一，无论是从消费的数量还是质量而言，从属阶级与上层阶级都不可同日而语；其二，无论在消费领域发生何种变化，无论年轻的冶金工人与经理的女儿的关系发生了何种变化，冶金工人与资本家本人的关系"依然如故"。[1]因此，密里本德认为，"这种在资本主义发展过程中出现而其缺陷将进入历史垃圾箱的信念，是极端不成熟的。"[2]因为"无论为它们虚构出什么精巧委婉的说法，无论

---

〔1〕 ［英］拉尔夫·密里本德：《资本主义社会的国家》，沈汉、陈祖洲、蔡玲译，商务印书馆 1997 年版，第 32 页。

〔2〕 ［英］拉尔夫·密里本德：《资本主义社会的国家》，沈汉、陈祖洲、蔡玲译，商务印书馆 1997 年版，第 15 页。

它们已经在进行怎样的变迁，它们在所有本质方面确实属于资本主义社会"。[1]

英国工党政治活动家克罗斯兰认为，由于资本主义出现的这些新变化，后资本主义社会能够通过有效的经济政策来取代传统的资本主义，社会主义应当更注重公平和福利，而不是集体主义，因此工党传统的政策目标即实现公有制已经变得没有必要，这种观点成为五十年代英国左派修正主义的一个主要观点，在英国工党中占有重要的地位。1957 年，英国工党公共政策纲领《工业与社会》开始正式启用，它是上述修正主义观点的重要反映，同时它还提出通过获得大型资本主义工业实业股票的方式以获得国家对企业的控制，其对资本主义经济方式新变化抱有过分乐观的态度。克罗斯兰的修正主义观点以及其对英国工党的政治影响，引起了英国新左派理论家的关注和批判，密里本德就是其中的有力代表。密里本德认为，战后资本主义的新变化，以及工党的社会主义修正主义战略，并没有影响资本主义私有制企业的核心利益。

综上所述，密里本德的技术批判思想，不仅是工业技术发展、劳动生产率提高的产物，也是对基于工业技术之上的各种左派、右派观点的理论回应和展开，同时不可否认的是，这种回应和研究又是以发达资本主义社会为背景和前提的，也就是说，以技术为核心的高度工业化的资本主义社会是密里本德发达资本主义社会政治批判的现实场景。

（二）发达资本主义法权批判何以可能？

密里本德的法哲学思想有两个基本的维度，那就是发达资本主义法权批判和社会主义替代策略。发达资本主义社会是其

---

[1]　[英] 拉尔夫·密里本德：《资本主义社会的国家》，沈汉、陈祖洲、蔡玲译，商务印书馆 1997 年版，第 15 页。

学术研究的现实基础和场景。在《资本主义社会的国家》以及后来的相关著作中，密里本德对发达资本主义社会的国家有一个明确的界定，他认为虽然各个发达资本主义国家之间存在极大的差别，它们有着不同的历史、传统、文化、语言和制度，但是它们却有着基本的共同点，其一它们都是高度工业化的国家；其二它们都是生产资料私人所有制的国家；其三它们都是实行资本主义民主制的国家。这三点共性削弱了其他差异的重要性，构成了发达资本主义社会国家的"基本一致性"。而且，随着资本主义的发展，这种一致性将更为趋同。那些不发达的第三世界国家，虽然也可能是生产资料私人所有制的国家，但是它们的工业技术落后，工业基础十分薄弱，工业在整个国民经济体系中没有占据重要的地位。至于苏联、捷克斯洛伐克、德意志民主共和国等国家，虽然工业化水平先进，但却不是生产资料私人所有制的社会。因此前两类社会里的国家，都不能被称为发达资本主义社会的国家。在这些不同性质的社会里，有着完全不同的经济关系、政治关系以及文化关系。至于在发达资本主义社会内部，"尽管差别没有消失，却逐渐趋于缩小"。[1]

"工艺发达的社会，会把人类对于自然的能动关系，把人类生活的直接生产过程，由此也把人类社会生活关系……的直接生产过程揭露出来。"[2]这里，马克思揭示了技术与工业的关系，也揭示了工业与生产关系、生活关系之间的深刻联系。在此，密里本德承袭了马克思的观点，他认为，发达资本主义社会，随着技术的不断发展和运用，日益表现出生产关系的同质性。"作为其结果，这些国家之间不仅在经济方面，而且在社会

<hr />

[1] ［英］拉尔夫·密里本德：《资本主义社会的国家》，沈汉、陈祖洲、蔡玲译，商务印书馆1997年版，第12页。
[2] 《资本论》（第1卷），人民出版社1956年版，第448页。

方面甚至政治上，出现了很大程度的相似性，在越来越发达的精神和物质生活领域内，它们许多基本的方式具有更多的共同性。"[1]这就使得把发达资本主义社会作为对象，进行整体的考察和分析，成为可能。

那么，对于所有的发达资本主义国家，除了上述的经济方面的相似性和一致性以外，它们还具有哪些方面的一致性呢？密里本德认为，它们在政治上的一致性体现在阶级结构、权力关系、法律制度等诸多方面和领域，尤其是资产阶级民主制，更是成为所有发达资本主义国家的共同特征，虽然具体到各个不同的资本主义国家，存在着不同类型的政治制度和民主形式，比如有的国家实行的是两党制，有的国家是多党制，有的国家形式是单一制，而有的国家是联邦制，等等，但不能"说明它们之间的明显差异"[2]。

反之，在各个不同的发达资本主义国家，即使存在着不同的政治形式，但是它们有一个共同的特征，即它们都是实行"民主"制度的国家，这样的国家形式，存在着两个基本的政治特征：一是在这样的国家中，统治阶级通过民主的形式，而非专制的形式来进行统治；二是在这样的民主国家中，"没有任何一个阶级或集团能够持久地僭取其政治统治权"。[3]因此，无论是在经济上，还是在政治上，各个不同的资本主义国家"都有极其相似之处……正是在这个基础上，它们使自己适应于被称

〔1〕　[英] 拉尔夫·密里本德：《资本主义社会的国家》，沈汉、陈祖洲、蔡玲译，商务印书馆1997年版，第12页。

〔2〕　[英] 拉尔夫·密里本德：《资本主义社会的国家》，沈汉、陈祖洲、蔡玲译，商务印书馆1997年版，第25页。

〔3〕　[英] 拉尔夫·密里本德：《资本主义社会的国家》，沈汉、陈祖洲、蔡玲译，商务印书馆1997年版，第26页。

为发达资本主义的普遍政治社会学"。[1]

综上，密里本德认为，正是在此意义上而言，发达资本主义具有的经济上、政治上的一致性，使得对所有的发达资本主义国家进行整体的考察成为可能，从而得以收集它们之间相似的经验数据，组织对资本主义的整体批判。

三、技术本质探索的权力向度

对于技术，人们可以从多种不同的视角进行审视。事实上，从历史出发，哲人们确实也从不同的角度对技术进行了描述和分析。

乔瑞金认为，"现代意义上的技术哲学，是彻头彻尾西方文化的反映"，[2]对于技术的一般哲学观念，"存在四种明显可辨的对待技术的哲学传统，它们是技术无政府主义、技术乐观主义、技术恐惧主义和技术控制主义"。[3]其中，技术控制主义是技术哲学发展的新阶段。但是，这并不意味着，其他的技术哲学观念就已经销声匿迹了。事实上，它们仍旧以不同的形式和方式在不同的领域存在着，而且，无论是何种技术哲学思想，都内在地隐含着一种对技术的观察、审视和批判，只是由于观察的角度不同，审视的态度有别，从而引出不同的技术批判视角和理路。

比如，法国著名的技术哲学家埃吕尔认为，技术与人类文明存在着三重矛盾，其一，技术社会是把物而不是把人放在首要地位，因此技术社会绝对不是一个人本主义社会，在现代社

---

[1] [英] 拉尔夫·密里本德：《资本主义社会的国家》，沈汉、陈祖洲、蔡玲译，商务印书馆1997年版，第26页。

[2] 乔瑞金：《马克思技术哲学纲要》，人民出版社2002年版，第5页。

[3] 乔瑞金：《马克思技术哲学纲要》，人民出版社2002年版，第5—6页。

会，技术日益支配了人的全部行为和审美，因此想在技术支配的世界里寻找到人类文明，几乎是不可能的。其二，技术意味着权力的增加，意味着人类价值的丧失，剥夺了人类进行价值探寻的自由和权力，意味着极权主义的来临。其三，技术让人类获得了一系列的自由，但是又给人套上了新的限制自由的枷锁。因此，在技术决定的时代里，想实现人的全面解放和自由几乎是不可能的，因为人永远不可能摆脱技术施加于人身上的负担。[1]埃吕尔关于技术对人的解放的阐释，是技术批判的典型代表，许多哲学家都从很多方面表达了相同或相似的意见。

可见，对于技术批判，思想家们可以从多种视角进行，在马克思主义的传统及其流变中，也不乏对技术的思考、追问和批判。对于技术，以法兰克福学派为代表的西方马克思主义学者做过许多经典的批判，其中最为著名的当属马尔库塞的《单向度的人——发达工业社会意识形态研究》。在书中，马尔库塞感叹：防止人类毁灭的核灾难的威胁的努力"掩盖了对它在当代工业社会中的潜在原因的探究"。[2]马尔库塞深刻地感受到，发达工业社会的技术已经成为一种严重的异己力量，它已从寻求人的自由、提高人的行为效率的初始意义转变为压制一切对现实不满的压迫和封锁手段，"技术的进步扩展到整个统治和协调制度，创造出种种生活（和权力）形式，这些生活形式似乎调和着反对这一制度的各种势力，并击败和拒斥以摆脱劳役和统治、获得自由的历史前景名义而提出的所有抗议。"[3]我们的

---

　　[1]　吴国盛编：《技术哲学经典读本》，上海交通大学出版社 2008 年版，第126 页。

　　[2]　[美] 赫伯特·马尔库塞：《单向度的人——发达工业社会意识形态研究》，刘继译，上海译文出版社 2006 年版，第 1 页。

　　[3]　[美] 赫伯特·马尔库塞：《单向度的人——发达工业社会意识形态研究》，刘继译，上海译文出版社 2006 年版，第 3 页。

社会因而也成为"利用技术而不是恐怖去压服那些离心的社会力量"。[1]马尔库塞对技术的批判，其实是一种深刻的发达资本主义批判，他在书中所指称的"发达工业社会"其实就是发达资本主义社会的代名词。在这里涉及一个问题，那就是如何看待技术、技术的作用以及技术在何种条件下与政治相结合从而成为一种整体性的价值存在。

　　其实，在正统马克思主义的思想脉络里，技术本身就构成了其理论的前提和基础。因为，其实马克思和恩格斯很早就开始关注科学技术与资本主义的发展问题了。马克思、恩格斯所处的时代，正是近代资本主义社会经济、政治、文化等各领域蓬勃发展的时代，资本主义在各领域的全面发展又以科学认识水平的不断提高和各种技术应用的不断推广为前提。如果说马克思的思想很大一部分内容是资本主义的社会批判的话，那么技术批判应当是其社会批判的前提和基础。马克思在其不同时期的不同著作中，都表现出了对技术的极大关注。分析马克思对技术的论述，可以发现其对技术的基本态度是辩证的。马克思肯定了技术的发展对资本主义生产力的推动作用和对生产关系的塑造作用。马克思认为，科学技术与社会生产的作用是相互促进的。科学知识通过技术转化，运用于社会生产过程，极大地促进了资本主义生产力的发展；同时，科学技术的发展又依赖于社会生产力发展的旺盛需求。

　　即便如此，经典马克思主义作家对技术与资本主义关系的阐释主要是在自由竞争资本主义阶段做出的，当时的资本主义虽然显示出多重矛盾，但是基本上尚处于上升阶段，经济上奉行自由竞争的经济发展模式，资本主义经济危机没有大规模爆

---

〔1〕〔美〕赫伯特·马尔库塞：《单向度的人——发达工业社会意识形态研究》，刘继译，上海译文出版社2006年版，第2页。

发，在政治上对国家的态度是"管的最少的政府就是最好的政府"，资本主义国家只充当资本主义"守夜人"的角色，在法律上虽然逐步确立了平等的公民身份，但是公民的政治权利、社会权利还被限定在很小的范围内，因此留给当时的工人阶级合法范围内的权力斗争形式和手段极为有限，在这种情况下，经典马克思主义作家对资本主义国家的经济、政治、未来发展方向等的描述和推断都极具说服力，因为人们通过真切的社会现实都能够有所体会。但是当资本主义进入 20 世纪以后，情况发生了很大的改变。企业垄断趋势日益明显，规模越来越大，甚至出现了大量的跨国公司，政府对经济、社会的干预愈发频繁，社会福利制度大大发展。在这种情况下，经典马克思主义的许多论断都受到挑战。对于在具有极大地域性和政治特殊性背景下发展起来的英国新马克思主义对技术与资本主义经济、政治、文化的思考一直存在着许多一致与分歧。其中有许多代表性学者随着不断变化的国内、国际经济、政治形势，逐步调整自己的理论观点，尤其是在 20 世纪 80 年代"撒切尔主义"流行以来，怀疑主义盛行，许多英国新左派学者不断修正许多马克思主义的经典论题，这引起了密里本德的不满。

密里本德认为："一种国家理论也是一种社会理论和在这个社会中分配权力的理论。"[1]因此，权力不仅成为密里本德政治学考察和研究的核心，而且成为其考察发达资本主义政治生态的基础和标准。他正是通过对发达资本主义社会现实权力关系的分析，深化了对马克思主义的理解，也在一定程度上完善和发展了马克思主义的法哲学批判理论。

那么，什么才是发达资本主义政治的核心——权力关系的

---

〔1〕 ［英］拉尔夫·密里本德：《资本主义社会的国家》，沈汉、陈祖洲、蔡玲译，商务印书馆 1997 年版，第 11 页。

真正基础呢？也就是说，是什么原因使得资本主义社会能够形成其独特的权力关系呢？不容否认，权力关系形成的因素是多方面的，比如国家的干预与配合、民主不可阻挡的发展趋势等。正如前文所述，高度工业化是发达资本主义的必要条件，但却不是充分条件。通过对密里本德的著述进行梳理，我们发现在其学术理论中，存在这样一种逻辑，那就是技术—工业—工业革命—工业化—工业社会—工业关系—权力关系—资本主义权力关系，在这个逻辑链条中，技术是起点，也是前提和基础，资本主义权力关系则是结果。与工业主义社会理论相对应，以技术为前提和契机的工业社会，不一定就是纯粹的、世界大同性的工业关系，工业关系的本质是权力关系，而权力关系的性质，又因为经济活动水准与经济组织模式的不同，会有所不同。在整个发达资本主义国家的权力体系中，以工人阶级为核心的附属阶级，只拥有很少实质上的权力，即便在资本主义民主制下，法律上广泛的自由民主权利也都一直受制于现实条件的束缚，这使得表面上日渐完善的民主制，带有很大的欺骗性和虚伪性，而现实的权力关系才是判断资本主义社会阶级本质最重要的标准和尺度。总之，在密里本德看来，"由于经济体制的物质能力以前所未有的步伐展示它对人类解放的宏伟诺言，这使得它在履行其诺言时的无能变得更加显眼了，这并非新矛盾，只是在生产和技术进步中更加清楚地暴露了它自己。"[1]

正如安东尼·吉登斯所说，"当我们在研究人类事物时，必须谨防任何形式的决定论错误，如果我们把技术从它所适用的社

---

〔1〕［英］拉尔夫·密里本德：《资本主义社会的国家》，沈汉、陈祖洲、蔡玲译，商务印书馆1997年版，第268页。

会框架中抽离出来，那我们就不可能对技术有充分的认识。"〔1〕密里本德的技术法权批判思想，在对现代发达资本主义社会发展的处理上，总是把技术和工业作为一种现实性的背景来对待。密里本德的技术法权批判思想始终是以发达资本主义社会的政治分析和批判为主要聚焦点，而权力分析又是其法哲学分析的核心和关键，具体到对待技术的态度上，他坚持把技术放在发达资本主义社会权力关系之中进行观察和讨论，在具体的、现实的权力关系中来分析技术的影响和价值。

密里本德坚持认为，资本主义的经济合理性代替不了资本主义的合理性，资本主义条件下存在着资本主义本身无法克服的矛盾，生产力与生产关系的矛盾始终是资本主义社会的根本矛盾，这种矛盾是资本主义制度所无法避免的。因此，在资本主义条件下，无论其科技如何进步，生产如何发展，物质能力如何发达，都掩盖不了资本主义社会最基本的权力状态和权力关系，工人阶级不会因为其所从事的具体工种的变化，不会因为其生活水平的普遍提高、社会保障制度的不断完善，就丧失了其工人阶级的身份和地位，因为根本而言，在整个资本主义发达国家的权力体系中，以工人阶级为核心的附属阶级，只拥有很少实质上的权力，即便在资本主义民主制下，法律上广泛的自由民主权利也都一直受制于现实条件的束缚，这使得表面上日渐完善的民主制，带有很大的欺骗性和虚伪性，而现实的权力关系才是判断资本主义社会阶级本质最重要的标准和尺度。

同时，密里本德强调，虽然资本主义的统治令人沮丧，但不应对此抱有悲观消极的态度。因为资本主义的罪恶和统治正是实现社会主义的现实基础。现代社会的发展，还是以社会生

---

〔1〕 ［英］安东尼·吉登斯：《社会学：批判的导论》，郭忠华译，上海译文出版社 2013 年版，第 45 页。

产为基础和核心的社会整体的发展，其中以技术主导为基础的农业和工业等传统产业部门依旧是经济发展的基础和重点，即便是新兴的产业部门产生了新兴的职业及人群，他们的本质依然属于工人阶级，因此，社会的主要矛盾还是阶级矛盾。以工人阶级为核心和基础的各种斗争，仍然是资本主义政治同时也是社会主义政治的主体和核心。在一定程度上，后工业社会造成了社会主体的分化，社会需求的多元，新社会运动此起彼伏，斗争的成果也十分丰富，从社会中女性地位的逐步提高、同性婚姻的逐渐合法化中可见一斑。然而，相对新兴的新社会运动并不能取代传统的阶级斗争，二者相互交叉，却不能够完全替代。相对而言，阶级斗争的意义更具普遍性，因为"有充分的理由认为如果'绿党'们和其他新社会运动想要实现他们的目标，必将毫无疑问、不可避免地要依赖于劳工运动和他们的政治代理人的潜在力量。"[1]社会存在的根本基础仍然是以技术为核心的社会生产。只要存在现实的社会生产，只要存在以生存为基础的社会职业，阶级斗争就不可避免，总有一天，资本主义民主会被突破，从而使社会主义民主成为可能。

---

〔1〕 Ralph Miliband, *Divided Societies: Class Struggle in Contemporary Capitalism*, Oxford, Clarendon Press, 1989, p. 109.

第三章
发达资本主义权力批判

密里本德深受美国社会学家米尔斯的影响，形成了以权力批判为核心的资本主义法权批判模式，他认为，"一种国家理论也是一种社会理论和在这个社会中分配权力的理论"[1]，这也反映了密里本德对权力及其重要性的整体性认识和观点。密里本德对资本主义社会的权力批判始终以经验的事实性观察和数据统计为基础，以大量的历史事实和客观数据来说明经济权力、政治权力和文化权力的真正分布、归属和流通，并通过分析发达资本主义国家的阶级构成、具体功能以及与各阶级之间的关系，来说明发达资本主义国家的本质。总体上讲，密里本德的发达资本主义权力批判继承了经典马克思主义的理论传统以及最根本的理论判断，并结合其所处的时代特征以及一些对经典马克思主义构成威胁和修正的理论和观点，在很大程度上捍卫了经典马克思主义，并对经典马克思主义进行了一定的补充、完善和发展。

一、权力的整体性批判

自从密里本德和查尔斯·赖特·米尔斯于 1957 年 3 月在一个周末学校里邂逅以来，二人便由于共同的学术兴趣和基本一

---

[1] ［英］拉尔夫·密里本德：《资本主义社会的国家》，沈汉、陈祖洲、蔡玲译，商务印书馆 1997 年版，第 6 页。

致的研究取向而结下了深厚的友谊，米尔斯的研究方式以及研究成果对密里本德产生了深刻而长远的影响。密里本德逐渐形成了以权力为核心的法哲学批判模式，权力不仅成为其研究和关注的中心，而且成为其分析发达资本主义社会政治现象的主要视角和标准。

（一）批判的法哲学的权力话语

一直以来，权力问题是政治学研究的核心问题，正如埃尔斯特所说："正如效用之于经济学，权力在政治理论中是最为重要的一个概念。"[1]因此，权力问题始终是人们研究和关注的焦点和核心，从古希腊的政治学思想到当代的政治学研究，无不体现了对权力问题的关注和思考。

然而，虽然人们一直表现出对权力问题的兴趣和质疑，但是对于什么是权力，即权力的概念是什么，却没有固定的解释和答案。人们总是在自己所处的历史语境中展开对权力概念的理解和辨析，因此，权力概念就是一个随着历史语境的转变和研究者个人的主观理解而不断变化和发展的概念。比如在西欧资产阶级启蒙时期，随着自然科学，尤其是物理学的发展，人们把力学的概念引入对权力概念的理解中，认为"力的观点本质上是一种推动的动因，权力的界定基于一种力与另一种力的作用与反作用时产生的力的差异。"[2]随着现代性社会的发展，人们关注到权力的意志性特点，比如马克斯·韦伯（Max Weber）就认为，"'权力'是指处于社会关系之中的行动者排

---

〔1〕 Jon Elster, "Some Conceptual Problems in Political Theory", in Brian Barry ed., *Power and Political Theory：Some European Perspectives*, London：John Wiley, 1976, p. 245.

〔2〕 ［英］戴维·米勒、韦农·波格丹诺英文版主编：《布莱克维尔政治学百科全书》（修订版），邓正来中文版主编，中国政法大学出版社 2002 年版，第 641 页。

除抗拒其意志的可能性，而不论这种可能性的基础是什么。"〔1〕美国著名学者加尔布雷斯也认为，权力就是把自己的意志强加于他人的能力。这种权力的概念强调了权力的意志性和意志的强制性，直接关注社会主体之间直接的命令和服从关系。从本质上看，这种对权力的理解方式流于表面化，并没有触及权力的实质和核心，因此不利于人们对社会现象的分析和理解。

马克思主义理论传统也十分关注权力问题，但是其对权力的观察、理解和解读却并没有局限于权力的意志性这种表面化的理解，而是深入分析了权力的深层次问题和本质，着重关注引起权力现象和变化的社会深层因素，尤其是其中的经济因素，具体而言就是特别强调社会的生产关系因素对权力关系形成、变化的作用和影响。

严格说来，米尔斯并不是一个马克思主义者，他只是把马克思主义作为自己社会理论研究的一个参考系，在这点上，密里本德与米尔斯有很大的、甚至可以说是根本的区别。但是米尔斯在其著作《权力精英》中对权力问题和权力现象的分析，对密里本德产生了很大的影响。米尔斯的《权力精英》主要的研究对象是美国的各种权贵，但是，在密里本德看来，这种分析也适用于其他的发达资本主义国家，因为如前所述，在所有的发达资本主义国家，完全适用一种所谓的发达资本主义"普遍政治学"。

米尔斯在《权力精英》中，也对权力的概念进行了界定，他认为："一切政治都是权力之争；权力的根源乃是暴力。"〔2〕

---

〔1〕〔德〕马克斯·韦伯：《经济与社会》（上卷），林荣远译，商务印书馆1997年版，第81页。

〔2〕〔美〕查尔斯·赖特·米尔斯：《权力精英》，王崑、许荣译，南京大学出版社2004年版，第223页。

但是，米尔斯对权力的理解，并不限于这种简单的概念限定，而是包含着更为广泛和深刻的维度。在米尔斯那里，权力不仅是一种社会状态，而且是一种社会关系；权力不仅仅意味着暴力，还意味着一种深刻的、同时又具有隐蔽性和欺骗性的占有和控制。

密里本德借鉴了米尔斯对权力概念和内涵的理解：其一，正如前所述，他认为所有的政治社会学的核心问题，就是权力问题，也就是社会权力的分配问题，从而在其政治研究中确立了权力的核心地位；其二，他认为，权力首先意味着一种控制，这种控制表现在许多方面，但对一个社会的经济资源的控制，却始终处于基础和关键地位；其三，密里本德强调了权力的复合型因素，在其对权力的讨论中，虽然经常把权力和收入、社会名望、社会地位、教育等因素并列起来进行列举和叙事，但是权力始终处于其研究的核心地位，并且在很多场合，他认为这些方面都是权力博弈和展现的方面和场域。

（二）权力批判的整体性视界

整体性作为一种思维方式和人们认识世界的一种角度和方法，其历史可谓源远流长。无论是在古代的中国，还是在远古的希腊，人们的思想都体现出了早期的、尚在形成中的、简单的整体和系统的思维。比如在中国，"大体说来，对整体智慧的把握经历了三个阶段，从《周易》的系统整体观到《吕氏春秋》的整体结构说，再到《太极图说》的整体过程论，形成了中国哲学独特的朴素整体思想。"[1]而在西方，古希腊的自然哲学和德国古典哲学成为整体性发展的基本形态。

对于古希腊的世界整体性思想，马克思主义经典作家曾经

〔1〕 乔瑞金：《现代整体论》，中国经济出版社1996年版，第5页。

给予其积极而正面的评价，恩格斯就指出："在希腊哲学家看来，世界在本质上是从某种混沌中产生出来的东西，是某种发展起来的东西，某种形成的东西。"[1]"在希腊哲学的多种多样的形式中，差不多可以找到以后各种世界观的胚胎和发生过程。因此，如果理论自然科学想要追溯自己今天的一般命题发生和发展的历史，它也不得不回到希腊人那里去。"[2]可见，马克思主义经典作家十分欣赏和崇尚整体性思维；并且在其所处的时代，科学技术的进步以及社会的发展，为其充分理解和运用整体性思维创造了充分的条件。

马克思主义的整体性思维传统在恩格斯身上得到了非常鲜明的体现，他把人们所处的外部世界看成一个相互联系、相互作用，并且具有特定结构和层次的有机体，并且认为事物本身存在的自然的、历史的和辩证的否定，是客观事物一切发展的推动力。因此，马克思主义主张全面地、联系地、运用运动和发展的眼光来看待世界，对待和研究事物的发展，判断事物发展的规律。

同理，对于社会发展及其规律的研究和判断，同样应当采取整体的观点和方法。虽然马克思主义的历史唯物主义经常被不同的人们所诟病，其中一个攻击的理由就是认为其是一种机械的"经济决定论"。这种观点指出，历史唯物主义过分强调经济对社会发展的决定作用，导致马克思主义忽视了其他社会现象和因素对社会发展的作用和影响。由于理论上的瑕疵，也导致了许多实践上的失败和困惑。因此，在西方马克思主义内部，从卢卡奇甚至是更早的时期，就开始了对这个问题的重新反思、解释、补充和完善。可以说，西方马克思主义的缘起与这个问

---

〔1〕 [德] 恩格斯：《自然辩证法》，人民出版社 1955 年版，第 8 页。
〔2〕 [德] 恩格斯：《自然辩证法》，人民出版社 1955 年版，第 26 页。

题所引起的困境和矛盾有很大的关系。

在反对第二国际的改良主义和机会主义理论路线过程中，卢卡奇把其产生的原因归结为马克思主义的机械决定论，为了克服机械的决定论，卢卡奇提出了总体性的概念，并将之运用到对社会历史的解释当中，认为社会历史的发展进程并不同于自然进化的过程，其中除了经济的因素以外，必定还有各种社会关系的复杂参与作用，因而社会历史发展规律并非固定的、简化的、自动的、普遍的过程和必然。

作为在这种广义上的历史和理论背景之下产生的英国新马克思主义，作为英国新马克思主义杰出代表的密里本德，也共享了这一思想背景和理论渊源，他拒斥简单的经济决定论思想，但同时主张回归马克思主义经典作家的原著，探寻对这一问题的原初表述，从而正确理解马克思的本意，以及之后的发展脉络。通过这种梳理和探寻，密里本德得出了两个基本的结论，其一，他认为马克思主义者对"经济'下层建筑'和生产方式的重要性"[1]的强调是完全合理的；其二，他认为，马克思主义过分强调了经济基础的重要的基础作用，甚至是决定性作用，从而导致其在思想上具有非常明显的"经济决定论"倾向和嫌疑，而这在社会分析方面的不足和弊端就日益显现出来了，主要表现就是对某些重要的知识领域关注过少，仅有的一些知识和论断也往往是只言片语，缺乏细致而精密的论证，从而为各种马克思主义的反对者提供了靶子和口实。

因此，密里本德主张，在对已经高度发展和变化了的资本主义社会进行分析和批判时，应当坚持一种整体性的观点和视角，不仅应当关注其经济上的权力状态与发展，而且应当关注

---

〔1〕[英]拉尔夫·密利本德：《马克思主义与政治学》，黄子都译，商务印书馆1984年版，第11页。

其政治权力状况以及文化权力领域，从而对发达资本主义社会的经济、文化、政治等方面进行一种整体性、综合性的分析和批判。

基于这种认识和主张，我们可以看到，密里本德虽然以政治研究而著称，但是他的研究却是一种横跨多领域的复合型论证，在其中我们可以看到其对发达资本主义社会的经济现象的分析，也可以随时发现其对统治阶级文化霸权的批判。比如，当他谈到发达资本主义社会的统治阶级时说道："在无论哪一种的阶级社会，统治阶级总可以以其所拥有的对三种主要的统治资源的控制上的有效性和凝聚力为标准而进行定位：对主要经济活动方式的控制——这可以包括（而且常常也包括）这些方式的所有权，但是也不需要这么做；对国家管理和强制的控制；对被广泛称为交往和劝说方式的控制。"[1]这样，密里本德就按照一种包含经济、政治和文化等三种领域的控制性权力对统治阶级进行了界定，突破了传统上马克思主义过度地关注和强调阶级的经济基础和标准，而且更符合社会各领域发展的客观现实，并且很好地坚持了经典马克思主义的阶级分析观点和方式。

既然在发达资本主义社会，统治阶级的统治是一种整体性的权力垄断和统治，因此，对发达资本主义社会的政治批判，就是一种整体性批判，不仅应当关注到其政治上的统治，而且应当关注到其经济上的控制性权力，以及文化上的领导权。同时，这三种权力并非是相互独立、各自为政的，从而完全符合一些理论家所谓的"多元权力"图景，与之相反，这三种权力是以一种更为隐蔽的方式甚至是欺骗的方式相互结合和融合的，从而形成发达资本主义社会的"权力精英"集团以及其下的统

---

[1] Ralph Miliband, *Divided Societies-Class Struggle in Contemporary Capitalism*, Oxford, Clarendon Press, 1989, p. 27.

治阶级成员。密里本德指出，在更早的时期，权力阶级根本无需通过各种方式对其所拥有的权力进行掩饰和隐藏，因此更具有直观性；但是在发达资本主义社会，"被强大的民主思想和修辞潮流所激荡，对掩饰权力的现实有着更大的需求，这通过否认统治阶级的存在而进行。"[1]可见，资本主义的统治更具有隐蔽性和虚伪性的特点，因而更需要真实的观察和理性的思考，才能够揭示其本质。

因而，对资本主义的批判和反抗是一种整体性的、全方位的斗争。同时，对于资本主义的批判，不仅应当从实然的角度，还应当从应然的角度，这不仅关乎制度，也关乎道德，不仅仅是现实，还是一种个人和社会的理想。具体而言，这种理想就是实现一种更为合乎规律、符合人性、遵循道德的社会，即社会主义。

二、发达资本主义社会阶级分析

密里本德的资本主义权力政治批判，基于其对发达资本主义社会阶级的客观分析基础，权力问题，既是资本主义社会阶级不平等的表现和重要根源，又是划分现实阶级界限的主要标准。关于阶级问题，即阶级、阶级结构、阶级斗争和社会革命的主体问题，密里本德在不同时期的多本著作里，包括《发达资本主义社会的国家》《马克思主义与政治学》《英国资本主义民主制》以及《分化的社会——当代资本主义社会的阶级斗争》都对发达资本主义社会的阶级状况以及相关的问题进行了探讨和分析，尤其是 1989 年出版的《分化的社会——当代资本主义

---

[1] Ralph Miliband, *Divided Societies - Class Struggle in Contemporary Capitalism*, Oxford, Clarendon Press, 1989, pp. 26-27.

社会的阶级斗争》，更是一部专门探讨当代发达资本主义社会阶级问题的著作。

（一）阶级的客观决定论

马克思说过，阶级无论是作为一个概念，还是作为一种社会现象，都不是他的发现，早在他之前，资产阶级的经济学家就发现了它，他的贡献是赋予了阶级以新的含义和功能。但是，由于马克思自身理论研究的特点，他总是把对资本主义经济现象的研究置于重要的地位，并认为不存在独立意义的经济学，只可能存在不同形态的政治经济学。同时，政治又属于上层建筑的重要组成部分，它是由经济基础所决定的。这在一定程度上导致马克思本人对政治理论的忽视，因此，"在称得上是马克思主义的经典著作中，对政治理论的探讨不仅多半是不系统的和片段的，而且往往是其他著作的一部分。"[1]对于这一问题，卢卡奇（Lukács）也评论道："就在马克思要规定什么是阶级的时候，他的主要工作被中断了，这对无产阶级的理论和实践来讲都是一种灾难。"[2]这种情况也导致了一个结果，那就是："所能得到的马克思主义的经典著作，对政治学的重大问题和理论问题采取了完全缄默和极端敷衍的态度。从一个段落、一个短语、一个暗示或一个隐喻中所能挤出的东西是有限的。"[3]具体到阶级问题上，显示出同样的情形。马克思以后的马克思主义者，都曾尝试对阶级进行一个概念上的界定。

列宁曾经对阶级下过一个定义："所谓阶级，就是这样一些

---

〔1〕 ［英］拉尔夫·密利本德：《马克思主义与政治学》，黄子都译，商务印书馆1984年版，第3页。

〔2〕 ［匈］卢卡奇：《历史与阶级意识——关于马克思主义辩证法的研究》，杜章智、任立、燕宏远译，商务印书馆2012年版，第102页。

〔3〕 ［英］拉尔夫·密利本德：《马克思主义与政治学》，黄子都译，商务印书馆1984年版，第4页。

集团，这些集团在历史上一定社会生产体系中所处的地位不同，对生产资料的关系（这种关系大部分是在法律上明文规定了的）不同，在社会劳动组织中所起的作用不同，因而领得自己所支配的那份社会财产的方式和多寡也不同。所谓阶级，就是这样一些集团，由于他们在一定社会经济结构中所处的地位不同，其中一个集团能够占有另一个集团的劳动。"〔1〕在这里，列宁是从阶级关系，尤其是阶级关系中的经济关系角度对阶级所下的定义。但是，从这个定义中，我们仍然不能够分辨出什么是阶级，阶级的必要条件和具体构成，以及在一个具体社会中，哪些是统治阶级，哪些是被统治阶级。

西方马克思主义的创始人之一卢卡奇，在其著作《历史与阶级意识》中，着重分析了阶级意识的重要性，阶级意识无论是在社会历史发展的进程中还是在阶级的进程中，都具有重要的意义。那具体什么是阶级意识呢？卢卡奇认为，阶级意识的具体内容受到一定阶级的经济政治地位的约束，反映了一定阶级的利益诉求，"阶级意识被规定为是一个要归因于阶级利益的问题"〔2〕。阶级意识对一个具体的阶级的形成、存在以及现实的生存和发展，都具有重要的意义和作用。卢卡奇进而认为，真正的阶级意识只有在资本主义社会中才能够产生。因为在前资本主义社会和资本主义社会，阶级意识与历史的关系方面，两者有很大的不同，"这是因为在前资本主义时期，阶级只能根据历史唯物主义对历史的解释从直接既定的、历史的现实中推论出来，而在资本主义时期，阶级就是这一直接的历史现实本身。"〔3〕这

〔1〕《列宁选集》（第4卷），人民出版社1995年版，第11页。

〔2〕［匈］卢卡奇：《历史与阶级意识——关于马克思主义辩证法的研究》，杜章智、任立、燕宏远译，商务印书馆2012年版，第118页。

〔3〕［匈］卢卡奇：《历史与阶级意识——关于马克思主义辩证法的研究》，杜章智、任立、燕宏远译，商务印书馆2012年版，第119页。

是因为，在前资本主义历史时期，经济关系隐藏在错综复杂的意识形态当中，阶级意识"只是隐藏在动机背后的历史发展的盲目力量"[1]。意识形态成为掩盖一切因素和动机的综合性力量。而在资本主义社会，经济关系变得日益简单，经济关系不再像前资本主义时期那样，隐藏在意识形态的背后，而是成为社会发展的主导性因素。因此，阶级斗争围绕着以经济利益为核心的阶级利益而进行成为可能。在资本主义社会，阶级意识也进入可能被意识到的历史时期。从此，社会的斗争在很大的程度上，就进入了一种有意识的、围绕阶级、阶级利益和阶级意识为主要内容的斗争形态之中，这种斗争既是经济、政治、文化、军事等多领域的具体的斗争，又是一种整体意义上的意识形态的斗争。

追寻马克思主义在解释阶级形成问题上的这一传统，英国新马克思主义历史学派的重要代表汤普森也强调了阶级意识对阶级形成的重要作用。在《英国工人阶级的形成》中，汤普森形成了一种"共同决定论"的观点，认为阶级文化、阶级传统和阶级意识对英国工人阶级的形成，都具有至为关键的意义和作用，在一定意义上而言，英国工人阶级的形成也是一种自我生成的过程和结果，其中，阶级意识扮演了重要的角色。在《英国工人阶级的形成》中，汤普森以"经验（experience）"作为阶级问题的分析中介，认为经验一词既包含客观方面，又包含主体的主观体验。英国工人阶级的形成正是"经验"的结果，也就是客观方面和主观体验的结晶。在其另外一本重要的著作《理论的贫困》中，汤普森再一次表达了类似的观点："因为处于决定性的生产关系中的人们确定了自身的敌对利益，并

---

〔1〕　［匈］卢卡奇：《历史与阶级意识——关于马克思主义辩证法的研究》，杜章智、任立、燕宏远译，商务印书馆2012年版，第119页。

且用阶级的方式去斗争、去思考、去估价，这样阶级就出现了。"[1]汤普森进一步分析道："阶级和阶级意识不可分离，不能把二者看成两个分离的实体，也不能认为阶级意识出现于阶级产生之后，必须把确定的经验和在观念上对经验的处理看成是同一的过程。"[2]

对于这一问题，密里本德的观点在不同的时期发生了不同的变化。在密里本德 1977 年出版的《马克思主义与政治学》中，他十分赞同汤普森的观点，可以说与汤普森的观点几乎完全一致，比如他写道："在马克思看来，工人阶级作为一个阶级的概念，既包含有'客观'决定的一面，又包含有'主观'决定的一面。可以归结为一点：没有觉悟，工人阶级只是一批人；当它有了觉悟之后，它才成为一个阶级。"[3]"阶级觉悟可以理解为某一阶级的成员意识到了自身的'真正'利益。"[4]在这里，密里本德只是从引用和复述经典的意义上来说这个话的，不仅如此，从其以后的分析中，我们不难发现，当时的密里本德，确实是很赞同马克思的这一观点的。因为当他的最志同道合的朋友之一、美国知名学者 C. 赖特·米尔斯把工人阶级的阶级意识和革命觉悟斥为"工人玄学"时，密里本德就反对说：马克思主义的"这些主张遗留下许多可以争论的问题，但并不

---

〔1〕 E. P. Thompson, *The Poverty of Theory and Other Essays*, London: Merlin Press, 1978, p. 40.

〔2〕 E. P. Thompson, *The Poverty of Theory and Other Essays*, London: Merlin Press, 1978, p. 109.

〔3〕 〔英〕拉尔夫·密利本德：《马克思主义与政治学》，黄子都译，商务印书馆 1984 年版，第 26 页。

〔4〕 〔英〕拉尔夫·密利本德：《马克思主义与政治学》，黄子都译，商务印书馆 1984 年版，第 35 页。

存在什么'工人玄学'的问题"〔1〕。

　　但是随着对阶级问题研究的深入，密里本德后来逐渐改变了这一观点，他不再认为，在一个社会的阶级形成和存在中，阶级意识起到了关键性的决定作用。相反，他认为，在一个社会中，无论是否具有阶级意识，阶级的产生和存在都是一种客观的事实性存在，"一个阶级的存在事实上并不依赖于其成员的意识、组织和斗争"，"阶级并不是因为人们感到并明确说出与其他的利益相对立的利益时而产生的；它完全独立于人们的感情与感情的明确表达而存在。当然，这并不意味着不管人们如何思考和实践他们的阶级立场是不重要的；相反，它是至关重要的。问题的实质，更确切地说是，不管人们如何思考和实践他们的阶级立场，甚至他们不这样做，阶级依然是一个社会事实。"〔2〕

　　密里本德在阶级形成问题上的这一变化，可以说在一定程度上是为适应战后资本主义社会，尤其是新古典自由主义政治经济学的复兴，对社会经济、政治结构等方面的冲击而出现的。英国的撒切尔政府、美国的里根政府采取的新经济政策，对发达资本主义社会经济、政治结构产生了很大的影响，深陷经济困境中的资本主义又一次焕发了生机，保守主义仿佛又一次战胜了左派。此时，随着英国资本主义经济状况、政治状况、社会状况发生的变化，左派阵营也发生了分化，各种修正主义以不同的形式表现出来，并对传统左翼思想的基本内容进行了反思、修正，阶级理论首当其冲、受到挑战。在这种情形下，坚

---

　　〔1〕　［英］拉尔夫·密利本德：《马克思主义与政治学》，黄子都译，商务印书馆 1984 年版，第 46 页。

　　〔2〕　Ralph Miliband, *Divided Societies－Class Struggle in Contemporary Capitalism*, Oxford：Clarendon Press, 1989, pp. 41－42.

守经典马克思主义传统的密里本德不得不一再对发达资本主义
社会的阶级状况进行分析，企图证明，随着资本主义的发展，
发达资本主义的阶级状况、成员构成、阶级意识、阶级斗争等
确实发生了很大的变化，但是阶级依然是发达资本主义社会成
员结构划分的主要标准，而且将阶级地位作为主要的划分标准，
在发达资本主义社会中具有基本的、基础性的意义和价值。

那么，在资本主义社会状况与马克思时代大为不同的阶段，
什么才是划分阶级的有效的、深具说服力的标准呢？也就是说，
阶级划分的决定性因素到底是什么呢？收入状况、消费水平、
阶级意识、社会关系等传统的标准和模式似乎都给反阶级论者
留下了批判的空间。

如前所述，密里本德如果坚持马克思主义的阶级学说，他
必须指出，在发达资本主义社会，具体的阶级划分标准，必须
能够结合发达资本主义社会的实际情况，比如科学技术的发展、
社会分工的细化、社会中新兴职业的出现等，辨析出哪些是统
治阶级，哪些是被统治阶级，并指出划分不同阶级的标准。密
里本德为此进行了长期的思考和探索。在《资本主义社会的国
家》中，他认为，划分不同阶级的标准和基础是经济基础，也
就是以其在经济基础中所直接拥有的财产以及对其他财产的控
制权为主要的划分标准，"这种'经济基础'也有助于并实际上
造成其社会结构和阶级划分极其引人注目的相似性。"[1]在
《马克思主义与政治学》中，密里本德把划分阶级的标准与生产
过程相连，"'生产工人'这个概念的扩展与实际生产过程有

---

〔1〕［英］拉尔夫·密里本德：《资本主义社会的国家》，沈汉、陈祖洲、蔡玲
译，商务印书馆 1997 年版，第 19 页。

关。"[1]在《英国资本主义民主制》中，密里本德发展了一种整体的阶级划分标准，一方面是对主要经济力量的控制能力上，统治阶级"其核心为资本家成分，也就是真正控制（也许占有，也许并不占有）私有经济力量主要手段的人们……"正是基于这样的经济控制力基础，资本主义社会才被划分为统治阶级和被统治阶级。另一方面，划分阶级时，尚需观察其他的一些阶级共享点，"统治阶级的成员中间还有很大程度的共同性，主要是因为他们在社会背景、教育程度和'生活方式'上有着非常类似的地方。"[2]在其 20 世纪 80 年代末出版的著作《分化的社会——当代资本主义的阶级斗争》中，密里本德对资本主义社会的阶级划分标准进行了总结性的阐述，"在任何一种阶级社会里，人们都可以根据在控制三种主要统治资源上所具有的有效性和凝聚力来区分出统治阶级：对经济活动的主要手段的控制上——这可能涉及（通常已经涉及了）这些手段的所有权问题；对国家管理和胁迫手段的控制；对广义上的通信和劝说手段的控制。"[3]可见，这时的密里本德，已经形成了一种整体性的阶级分析观点，在划分阶级的标准上，既考虑了经济因素，又考虑了政治因素和文化因素；同时，他在一定程度上，又回归了米尔斯的权力思想，着重强调了权力的控制性含义和特点。

（二）发达资本主义社会的阶级结构

综上所述，密里本德根据一种综合性、整体性的划分标准，包括其在生产过程中的地位、收入水平、在工作和社会中的影

---

〔1〕［英］拉尔夫·密利本德：《马克思主义与政治学》，黄子都译，商务印书馆 1984 年版，第 27 页。

〔2〕［英］拉尔夫·密利本德：《英国资本主义民主制》，博铨、向东译，商务印书馆 1988 年版，第 9 页。

〔3〕Ralph Miliband, *Divided Societies-Class Struggle in Contemporary Capitalism*, Oxford：Clarendon Press, 1989, p. 27.

响力、责任感等复合型的因素，对当代资本主义社会的阶级结构进行了分析。为了进行具体分析，密里本德根据拥有权力的程度等标准对发达资本主义社会的阶级结构进行了分解，绘制了呈梨形金字塔形状的"阶级地图"，并且根据这幅地图，对发达资本主义社会的阶级状况进行了详细的说明。

密里本德把发达资本主义社会的阶级总共分为八个层次，位于金字塔顶层的是米尔斯所谓的"权力精英"阶层。根据米尔斯在其著作《权力精英》中对权力精英的具体解构，权力精英主要包括经济精英、政治精英和军事精英，"他们支配着大公司，操纵着国家机器并拥有各种特权，掌握军权，占据着社会结构的战略要津，所有这一切集中了他们所享有的权力、财富和声望的各种有效手段。"[1]"在美国社会，主要的国家权力已集中在经济、政治和军事领域内。"[2]对此，密里本德与米尔斯既有一致的观点，又有不同的意见，密里本德承认，所有的社会都存在位于权力顶层的经济精英和政治精英，但是却不同意军事精英在整个权力体系中的位置。密里本德认为，否认军事精英也是一种权力精英，并非不承认其在资本主义权力体系中的重要性，其实，他们在权力结构中，无论是影响力、权威性还是权力方面，都具有不可忽略的地位，这种影响力和重要地位在资本主义危机时期和战争时期，表现得更为突出。但是，由于发达资本主义国家主要都是文官治理的制度，因此，在这些国家里，军事精英与经济精英、政治精英相比，几乎处于非常不同的、从属性的领域，其影响力也不能与其他二者相提并

---

〔1〕 [美] 查尔斯·赖特·米尔斯：《权力精英》，王崑、许荣译，南京大学出版社 2004 年版，第 2 页。

〔2〕 [美] 查尔斯·赖特·米尔斯：《权力精英》，王崑、许荣译，南京大学出版社 2004 年版，第 2 页，第 4 页。

论。在资本主义社会中，经济精英主要是指国家中主要的工业、商业和财政集团的主要控制人，政治精英主要指国家权力的掌管人，主要是指那些位于国家机器中的上层人士。无疑，无论是经济精英还是政治精英，都属于统治阶级、处于权力金字塔的最顶层。在这里有一个问题，那就是为什么政治精英也属于统治阶级。因为按照传统观点，一国的统治阶级，主要就是在这个国家中，在经济地位上占统治地位的人，即按照其在生产过程中的具体定位以及与生产方式的关系，来确定统治阶级，"目前更多的说法倾向于这个领域就是为这个目的而存在的"[1]。但是，在密里本德看来，生产领域并非划分阶级的唯一领域，除此之外，权力也是划分阶级的重要标准，而且是至关重要的标准。按照这个标准，无论是经济精英还是政治精英，都属于最顶端的统治阶级，位于权力金字塔的最顶层。对于权力精英在发达资本主义社会中的权力和地位，密里本德引用米尔斯的话，总结道："他们的地位可以使他们做出具有重要后果的决定。相对于他们所占据的关键位置而言，他们是否做出如此决定并不重要。"[2]

第三层和第四层与权力精英不同，第三层主要指那些控制甚至是自己拥有大量的中等企业的人士，这些企业比起那些大企业当然相形见绌，并且为一系列的企业链所限制，但它却构成一国经济活动的基本部分。第四阶层是指诸如律师、会计师等高级专业人员、中级职位的国家公务员、军队雇员、高等院校和其他专业领域的高级职员等。这些人，或者为大公司所雇

〔1〕　Ralph Miliband, *Divided Societies – Class Struggle in Contemporary Capitalism*, Oxford：Clarendon Press, 1989, p.20.

〔2〕　[美] 查尔斯·赖特·米尔斯：《权力精英》，王崑、许荣译，南京大学出版社2004年版，第2页。

佣，或者为国家所雇佣，总之，他们相互之间表面上独立，实际上却发生着密切的联系。密里本德认为这些人可以被称为"上层中等阶级"或"中产阶级"。这些人应当跟权力精英区别开来，因为他们并不拥有权力精英那样大的权力。但是他们对社会的政治、经济、文化、意识形态等领域具有重要的影响力。他们是"重要的人""有影响力的人""意见领袖"。他们或者以个人的方式，或者以集体的方式，对社会的经济、政治、文化、意识形态等领域，都产生着重要的影响。

第五、六层可以称之为小资产阶级或低等中产阶级。第五层具体指那些拥有并经营小公司的人们，包括小工厂、小作坊、修理铺、小建筑公司、小商店、小服务型店铺等。这些小的经营单位或者雇佣少量的工人，或者是自我雇佣的工匠、手艺人或小生意人。第六层是指那些半职业化的、可替代性的、监工性的人员，包括低等学校的教师、社会义工、新闻记者、设计员、实验室技师、程序分析员、低等公务人员等。这些人对整个社会的社会再生产有一定的责任和影响。一方面，资本主义企业需要越来越多的"领班"和"监督者"，另一方面，国家也需要大量的雇员，来具体从事管理、福利、指导、规制以及镇压的功能。从性质上而言，小资产阶级，也可以说是下层中产阶级，他们既不同于资产阶级，也不同于工人阶级。另外，这个等级对于整个资本主义社会体系十分重要，这种重要性，不仅体现在他们本身所从事的职业和具体事务的功能上，而且，"小资产阶级通常在政治生活中扮演重要的角色，在目前这一点更引人关注"[1]。

第七层包括工业工人、办公室职员、邮递员以及服务业工

---

〔1〕 Ralph Miliband, *Divided Societies-Class Struggle in Contemporary Capitalism*, Oxford: Clarendon Press, 1989, p. 22.

人等。这些人占到整体人口的三分之二甚至四分之三左右。在这部分人群中，还应当考虑那些没有被雇佣的那些工资收入者的妻子们，因为这些妻子们通过自己的家务劳动也间接参与了剩余价值的生产，并且她们也为工资收入者的再生产做出了贡献。另外还包括失业者、挣工资者的孩子，以及其他依靠挣工资者的人、病人以及退休工人等，这些人在一定程度上也属于工人阶级，而且人员数量不断地从工人阶级中得到补充。

第八层是处于社会的边缘地带的人，属于社会的最底层阶级，包括最贫穷的人、失去所有的人等，这些人尤其是其中的永久失业者、慢性病患者以及失能者，他们主要依靠财政救助、亲戚接济或者慈善团体的帮助生活。

在密里本德看来，第七层和第八层属于发达资本主义社会中的工人阶级，他们的主要收入来源是工资，其中一些境遇最差的人，甚至没有任何的工资收入，只能靠乞讨和救济度日。所以，依靠出卖劳动力生活的人以及依靠政府转移支付的人，都属于工人阶级，他们无论在生活中，还是在工作中，几乎没有任何的权力和影响力可言。他们的权力状况，决定了他们属于权力金字塔的最底层，然而，从数量说，他们又占了资本主义人口的大多数。在这里，正如上所述，密里本德把挣工资者的妻子以及其他家庭成员，也看作工人阶级的必要组成部分，虽然他们并没有直接参加生产也未处于具体的生产环节之中，但是如果把他们排除于工人阶级之外，显然是非常不公平的，也不符合现实的条件和状况。

密里本德指出，发达资本主义社会的阶级状况和阶级构成，是一种由资本主义权力体系所决定的客观事实。在有关阶级概念和阶级经验的分析中，阶级意识当然起着关键的作用，但如上所述，阶级的生成、存在和发展，是由一系列客观的因素，比如生产关系、收入状况、权利能力、社会影响力等复合性因素所决定的。也就是说，客观性因素和标准才是阶级分析的决定性因素。

虽然，密里本德的"阶级地图"描绘出了发达资本主义社会的具体状况，但是总有一些处于边缘地带的人，难以在这幅地图中找到自己的阶级坐标，"在这种阶级分型中，在一些边缘地带，阶级的分层变得问题重重：总有一些不同职业的个体的人排斥这种既定的阶级分类模式。"[1]但是，这种阶级不认同意识并不能否认这种阶级分类的有效性。比如，对于商业资产阶级和职业资产阶级，他们之间的具体区分意义并没有那么明显和深刻。虽然商业资产阶级的主要收入来源是利润、利息、租金和投资，职业资产阶级的主要收入来源是工资性收入。但是，从另一方面来讲，这种收入上的具体差别并不能影响这些群体在社会结构中的身份和地位。因为随着各种类型资产阶级之间的领域渗透，商业资产阶级也领薪水，而职业资产阶级也拥有股票、分红和其他财产。总之，他们的收入水平使得他们属于相同的较高的收入群体，在社会影响力方面也比较一致，这决定了无论是商业资产阶级还是职业资产阶级，他们都属于资产阶级，属于发达资本主义社会的统治阶级。对于同属于小资产阶级的两个部分，情形也同样如此。商业小资产阶级的主要收入来源是利润、租金和通过提供服务所收取的费用，而职业小资产阶级的收入主要是其在公有组织和私人组织中因为雇佣而获得的工资性报酬。相似的收入水平使得他们都属于同一类阶级，即小资产阶级，其阶级地位和阶级影响力位于资产阶级之下，但又处于工人阶级之上。

---

〔1〕 Ralph Miliband, *Divided Societies—Class Struggle in Contemporary Capitalism*, Oxford: Clarendon Press, 1989, p. 24.

　　那么，在发达资本主义社会中，自二战以后出现的经济、政治、教育等方面的一些变化，是否对社会的阶级状况产生实质上的影响了呢？比如社会流动性理论所提出的问题。社会流动性理论是社会学上的概念和问题，具体是指一个个体或群体从一个层级和范围向另外一个社会经济地位和范围不同的层级流动。社会流动主要包括水平流动和垂直流动，水平流动不能改变个体或群体的阶层属性，而垂直流动可以改变人们在社会分层体系中的地位和身份。社会分层理论和社会流动理论的典型代表是马克思·韦伯。韦伯的社会分层理论是对马克思阶级理论的一种多元发展模式。许多学者认为，马克思的阶级理论是典型的阶级二分法，他在《共产党宣言》中认为，资本主义社会必将日益分裂为资产阶级和无产阶级两大对立的阶级，是一种社会关系简单化的处理方式；马克思主义对阶级的界定，多从经济的角度出发，有简单的经济决定论之嫌。韦伯站在价值中立的角度，虽然也强调阶级划分中的经济因素，但他同时认为除了经济因素之外，市场能力和市场机会对划分阶层更具有重要的现实意义，因为在韦伯看来，阶级是非实在存在的实体，它只表明从市场角度对人们进行的统计学分类，具体而言，阶级就是指市场和劳动力市场上共同享有某种机会的人和群体。社会流动理论认为，社会流动理论能够打破"封闭社会"，在一定程度上能够消除不平等现象。密里本德虽然也承认社会流动的客观性，但是却对社会流动在模糊阶级界限和消除阶级不平等方面的作用持否定态度。他认为，在发达资本主义社会中，阶级呈现出一定的板结化特点，即便是社会流动，也不能从根本上改变这个特点。社会流动性当然具有重要的意义，在形塑阶级关系方面尤其如此；而且，社会流动方向无论是向上还是向下都会对阶级成员及其后代在社会秩序观上产生明显的影响。

但是，在发达资本主义社会，这种社会流动是非常有限的流动，无论是在范围还是在规模上而言都是如此，而且社会流动经常发生在同一阶级内部，那种跨阶级的流动只限于很少的人群。因此，尽管多年来，无论是统治阶级，还是被统治阶级，由于各种因素的影响，其构成都发生了很大的变化，但是，"位于对经济权力和政治权力控制基础上的统治阶级，以及主要依赖工资生活的从属阶级和他们的家人，在整个工业资本主义历史上都仍旧是主要的阶级。无论是社会流动性，还是阶级界限的模糊化，都不能削弱这种划分，即使它们和其他的许多因素一起，影响了阶级的锐度。"[1]

（三）阶级意识

如上所述，密里本德对阶级的概念、形成与构成思维认识，经历了一个长期思考、观察和演变的过程，从最初认为阶级意识是阶级生成的必要条件，最后转变为阶级形成的客观决定论，这一思维认识过程既与密里本德个人的思维特质有关，又是发达资本主义社会经济、政治、文化和意识等诸领域变化的客观结果和理论反映。

虽然密里本德强调阶级的客观性，但并不意味着他不重视甚至否认阶级意识的重要作用和意义。相反，密里本德曾经多次分析过发达资本主义社会不同阶级意识的内容、特征和意义。密里本德认为，经典马克思主义作家理论研究的特点和理论特质，决定了其政治学研究的从属性和不充分性；具体在阶级意识的分析上，体现出了同样的特点。卢卡奇在《历史与阶级意识》中也指出了马克思主义理论传统在这一问题上的不足，认为在阶级意识这个问题上，马克思主义尚未进行完整的理论构

---

[1] Ralph Miliband, *Divided Societies—Class Struggle in Contemporary Capitalism*, Oxford: Clarendon Press, 1989, p. 25.

建，他的目的就是要探寻基于阶级意识基础上的主体能动性，这就要求系统分析阶级意识的整体性概念，包括阶级意识的定义、内涵、阶级意识的种类、特征以及阶级意识的功能和作用等问题，这不仅是基本的理论问题，也是重要的现实问题。

马克思本人曾经多次提到过阶级意识这个问题，阐释过阶级意识对阶级以及阶级斗争等方面的重要意义。马克思认为："人们的动机因素对于联合阶级成员促使他们参与群众运动是非常重要的。阶级不仅仅是在一定生产关系中具有相同地位的利益共同体，而且只要他意识到自己的阶级地位、利益和目标时才可以称得上是一个阶级。"在此可以看出，马克思是把阶级意识看成阶级形成的必要条件的，也就是说，如果没有阶级意识，阶级只是自在的阶级，只有有了阶级意识，阶级才可能成为自为的阶级。同时，马克思还指出了阶级意识的具体表现形式，即"表现为忠于同一阶级中的其他成员，阶级斗争中的团结，为实现本阶级可能更好的未来社会秩序而奉献等各种形式"[1]。而且，马克思还分析了阶级意识和阶级斗争的关系，对此雷蒙·阿隆总结道："社会阶级只有当它具有自我意识时才真正存在，但倘若不承认阶级斗争就不可能有阶级意识，一个阶级只有当它发现它要对其他阶级进行斗争的时候，它才具有自我意识。"[2]

从上面的相关引述中，可以发现，马克思对阶级意识的相关论述，特别强调了阶级意识与阶级斗争的关系，可以说，阶级斗争意识是阶级意识的重要组成内容。密里本德也强调了斗

〔1〕《马克思恩格斯选集》（第1卷），人民出版社1995年版，第165页。

〔2〕[法]雷蒙·阿隆：《阶级斗争：工业社会新讲》，周以光译，译林出版社2003年版，第17页。

争的重要意义，他认为："斗争的概念是马克思主义政治的核心。"[1]"无产阶级是在共同的斗争中才逐渐变成一个'自为的阶级'，而这个斗争是以觉悟到自身的利益为先决条件的。"[2]他进一步分析说，马克思主义政治与众不同的特点在于它指出了斗争的性质和必然方向，历史唯物主义为这种斗争的最终结局提供了根据。按照自由主义的政治观点，斗争本身只是表明社会存在需要解决的问题，因此斗争同时还包含着妥协和协商，因此斗争还意味着以和平方式解决问题，通过斗争，不仅能够及时地发现问题、解决问题，还能够保障社会秩序的进一步稳定，因此，在自由主义者眼里，斗争是一种具有"实用价值"的政治和社会现象。与自由主义不同，马克思主义者摒弃了自由主义的功利和实用观点，认为斗争的目的是要结束统治和被统治的关系和状态，而这需要通过消除产生这种关系和状态的条件而实现。

在发达资本主义社会，正如上所述，始终存在着以资产阶级为核心的统治阶级，以无产阶级为核心的被统治阶级（密里本德有时也称之为附属阶级）。就阶级意识而言，密里本德认为，二者之间在特点和一致性上，始终存在着巨大的差别。许多资产阶级学者否认发达资本主义社会存在阶级和统治阶级，大肆宣扬"阶级消失论"，同时也否认统治阶级有什么统一的阶级意识。但密里本德却认为，对于统治阶级而言，他们不仅有共同的阶级意识，而且与被统治阶级相比，他们更容易形成统一的意识和观点，"从某种意义上说，当问题涉及资本家阶级和

---

〔1〕［英］拉尔夫·密利本德：《马克思主义与政治学》，黄子都译，商务印书馆1984年版，第19页。

〔2〕［英］拉尔夫·密利本德：《马克思主义与政治学》，黄子都译，商务印书馆1984年版，第5页。

资产阶级时，通常是最不复杂的。资本家阶级的真正利益大概就在于维持和保卫资本主义。它在这方面的阶级意识是很容易达到的。历史事实表明，特权阶级至少在这点上是始终彻头彻尾地具有阶级意识的。"[1]而且，统治阶级往往还利用自己的特权和对交往手段的控制，把自己的阶级利益装扮成社会的普遍利益、整体利益，具有很大的蒙蔽性。

与统治阶级相比，反而是被统治阶级在形成统一的阶级意识方面存在很大的障碍和问题。被统治阶级总是围绕斗争的目标和方向、斗争的策略和途径、斗争的方式和内容等方面展开不同派别之间的争论，很难达成一致意见。但根据马克思的分析，无产阶级的阶级意识，即阶级觉悟十分重要。在马克思主义看来，无产阶级觉悟的最终要求是推翻资本主义，重建一个完全不同的社会新秩序，这在一定程度上也可以说，无产阶级觉悟就是革命觉悟。但是应当对阶级觉悟进行一种辩证的理解，因为马克思本人当年并没有对阶级觉悟进行具体的、教条的、排他性的规定。如果不是这样，就很难理解马克思主义在后来的发展，也很难根据马克思主义对现实进行客观的分析和解释。

基于上述认识，密里本德认为，具有无产阶级的阶级觉悟，并不意味着，不顾客观情势的变化，不管现实的条件，都要选择暴力革命的方式，去践行阶级任务、实现阶级目标。在合适的条件下，完全可以利用其他的方式，达到实现社会主义的目的。密里本德分析说，根据马克思本人的思想特质，他反对任何问题的教义式问答；至于后来，为什么有的马克思主义者认为无产阶级阶级觉悟会等同于阶级革命、暴力起义，而且对不同观点大加批判，认为其不具有真正的阶级觉悟，密里本德认

〔1〕　［英］拉尔夫·密利本德：《马克思主义与政治学》，黄子都译，商务印书馆1984年版，第35页。

为这与马克思主义教条式发展有关，而且这种教条式发展自称正统马克思主义，希望通过维护正统观念，促进思想的一致性，加强正统观念维护者的作用和权威。密里本德坚持认为，马克思主义的教条式解读和发展，与马克思主义的基本思想相违背。

同时，密里本德也认为无产阶级的阶级意识具有非常重要的历史作用，这不仅由无产阶级在社会历史发展中的特殊地位和特殊使命所决定，也不仅由无产阶级在社会生产中的地位、作用以及无产阶级的特征和历史使命所驱动，同时还由资本主义的本性所决定，由资本主义的"各种缺陷、掠夺和矛盾"所注定。即使无产阶级如今缺少"起义"的决心，但不能否认其具有相当的阶级觉悟，而且正在通过各种途径去实践、去实现这种阶级觉悟。密里本德相信，推翻资本主义的希望依旧在于无产阶级，在于无产阶级的阶级意识、阶级行动和阶级斗争。那么，在当代资本主义社会，在资本主义现实和理论的双重挤压下，无产阶级又如何能够冲破"时代的迷雾"，实现推翻资本主义、建设社会主义的社会理想呢？密里本德认为，实现这一社会理想的主要方式仍然是阶级斗争，也就是说，他赞成经典马克思主义的重要理论之一，即阶级斗争理论。

（四）发达资本主义社会的阶级斗争

事实上，如果我们对近年来发达资本主义国家的一些颇有影响力的政治学、经济学、社会学、哲学等方面的著作进行整理，就会发现其中的一些具有非常明显倾向性的特点，那就是通过各种方式论证资本主义的合理性，福山在《历史的终结》当中表达的观点，只不过是二战后这一论调的继承和发展，但是，同样的观点和理论并没有在福山那里走向终结，而是以不同的面貌和形式反复出现。

密里本德一直试图在自己的学术领域里，对上述类似的观点进行批判，实际上，作为一名坚定追求社会主义理想的"独立社会主义知识分子"，他不仅关注发达资本主义世界学术右派阵营的思想动向，同时，他也关注左翼知识分子的思想转向问题。在《英国的新修正主义》一文里，密里本德就批判了英国新左派阵营里的修正主义倾向和思想，并且指出了英国的"新修正主义"产生的原因、具体的内容以及其与其他资本主义国家出现的修正主义的区别和联系。密里本德分析认为，在英国出现的"新修正主义"是借用约翰·韦斯特加阿德（John Westergaard）的话语而建立的，"新修正主义"的代表性人物很多，其中有埃里克·霍布斯鲍姆、斯图亚特·霍尔（Stuart Hall）等人，他们在研究方法、所关注的问题等方面有着显著的相似性。而且，密里本德进一步分析了这些人员的政治身份构成，比如霍布斯鲍姆是具有多年党龄的共产党员，霍尔是 20 世纪五六十年代新左派的主要成员，多年来一直支持、研究和从事激进的社会变革运动。那么，密里本德又为什么说他们是"新修正主义"呢？密里本德认为，形成这一结论的主要原因与"新修正主义"在以下几个问题上的观点转向有关，这几个问题密切相关，它们分别是发达资本主义社会的阶级政治问题、国家问题、社会主义策略和工党问题以及一些与资本主义国家的国防和外交政策问题。其中，阶级政治问题首先成了"新修正主义"反思的对象和目标，他们不再承认工人阶级的"优先原则"，也不再相信现实中的工人能够担当社会改造的根本重任。尤其对于阶级斗争及其作用，他们更是抱有一种消极悲观的态度，认为新社会运动更能够在增加被压迫阶级的权利、促进被压迫阶级的福利方面发挥作用。对此，密里本德的观点非常鲜明，他认为并且坚信资本主义造成的工人阶级的多重异化必定产生压力、挑战、斗争、冲突，也必定会产生彻底的变革与复兴的思想，甚至很可能会产生社会主义思想。

这就产生了一个问题，那就是在发达资本主义国家，是否存在着对立和矛盾、这些对立和矛盾会不会产生斗争、这些斗争的根本性质是什么，以及这些斗争的作用和未来发展趋向如何，这正是密里本德一直在思考的问题。在其 1989 年的专著《分化的社会—资本主义社会的阶级斗争》中，密里本德系统地分析了发达资本主义社会的阶级斗争问题。在这部著作中，密里本德首先从基本理论角度，肯定了马克思主义阶级分析方法的重要性和必要性，肯定了阶级分析方法对社会分析的有效性。

密里本德认为，在发达资本主义社会，正如前所述，阶级的存在具有客观实在性，并不因各种社会变化和理论的质疑和攻击而消失。那么，在资本主义社会，到底在哪些领域存在阶级斗争呢？这样的斗争到底具不具有阶级斗争的性质呢？因为正如加拿大著名的马克思主义学者艾伦·伍德（Ellen wood）曾经对各种"新的'真正的'社会主义"进行过的多角度的分析和理论批驳那样，其中一个重要的方面就是认为"新的'真正的'社会主义""把工人阶级从社会主义斗争中置换出去，这要么是一个总的战略性错误，要么便是对关于社会关系和社会力量的分析的一个挑战，而且至少是重新定义了由社会主义所赋予的解放之本质。"[1]很明显，艾伦·伍德相对而言，是从纯思辨、纯理论的角度，对这一问题进行回应。显然，它还需要经验性证据的夯实。可以说，这一工作在很大程度上被密里本德完成了。

密里本德分析说，在发达资本主义社会，客观存在的阶级斗争可以从几个领域去观察、研究，即自下而上的阶级斗争、

---

〔1〕 ［加］艾伦·伍德：《新社会主义》，尚庆飞译，江苏人民出版社 2002 年版，第 15 页。

自上而下的斗争以及国际范围内的斗争。自下而上的斗争主要是指"由工人及其代表或者声称代表他们的组织——工会与工党——所从事的、也包括构成劳工运动组成部分的各种其他团体和人们所从事的斗争"[1]。密里本德认为，这一问题的关键是指出"来自下层的阶级斗争"的主体，到底是谁在进行阶级斗争。一般来讲，现实中并不是所有的工人阶级都是阶级斗争的积极参与者，与此相反，只有工人阶级中少部分的积极分子愿意持续地为争取阶级利益而忘我地进行工作和斗争，无论是在政治斗争还是在工业关系斗争中，他们一以贯之；而大多数的工人阶级相对而言，都是比较冷漠的，他们对代表或声称代表他们利益的左翼政党组织的支持就是参加选举、完成投票，当他们做完这一切后，就又重新退回到常见的政治冷漠当中。但是，即便这样，也不能否认工人阶级斗争的决心和力量，正是劳工运动的不断发展，才促进了附属阶级利益的扩展，无论是经济利益、政治利益，还是社会福利，都是工人阶级斗争的结果。劳工运动是一个总体性的称谓，它从主体上讲，包含各种主体，包括范围广泛的各种组织和个人：工会、各种社会主义政党、左翼党派、有组织的劳工等，他们所从事的各种各样的争取自身权益的行动和斗争，都是阶级斗争的重要内容。在这里，密里本德既肯定了工人阶级当中积极分子及工人阶级组织的意义和作用，同时又关注了个体性的个人的作用和地位。

　　另外，在自下而上的阶级斗争中，与其他同时代的英国新左派理论家相同，密里本德也关注了方兴未艾的新社会运动。对于新社会运动，一部分英国新左派理论家给予了极大的兴趣、关注和参与，比如汤普森从20世纪60年代起，就积极投身到核

〔1〕 Ralph Miliband, *Divided Societies - Class Struggle in Contemporary Capitalism*, Oxford: Clarendon Press, 1989, p. 56.

裁军运动中去，并成为其最重要的领导人之一。再比如，当年曾经与汤普森针锋相对的第二代新左派领军人物安德森，也对新社会运动表示出了强烈的兴趣，认为新社会运动为马克思主义提供了新的议题，那就是"自然和历史的问题"。还有一些英国新左派的代表人物，正是在各种主题主导下的、轰轰烈烈的新社会运动中，重新诠释了马克思主义理论和实践、马克思主义与社会主义的关系等问题，从而在一定程度上成为修正主义新的表现形式。与此相应，密里本德不仅对英国的"新修正主义"进行了批判，同时也分析了新社会运动和以劳工为主体的阶级斗争的关系问题。

新社会运动是自 20 世纪 60 年代以来，尤其以 1968 年的"五月风暴"为开端开展的有着不同于传统的工人阶级政治诉求的社会运动，由于其具有参加主体、诉求内容、表现形式等方面的多样性和新颖性，因此被称为"新社会运动"。"新社会运动包括了各种相异的目标和对象。其中最为知名的运动有女权主义运动、反种族主义运动、生态运动、和平及裁军运动、学生运动、性解放运动等。"[1]对于大多数英国的新左派知识分子而言，这一系列运动都是不容忽视的社会抗争形式，也是令人欢欣鼓舞的新社会革命形式。

因此，不少的英国新马克思主义学者都对新社会运动进行了评价。安德森（Anderson）认为："一种革命的文化不是明天的，在今日，文化领域的革命是可能的和必要的，学生斗争就是其最初的表现形式。"[2]这样也揭示了新社会运动的社会性和

---

〔1〕 Ralph Miliband, *Divided Societies-Class Struggle in Contemporary Capitalism*, Oxford: Clarendon Press, 1989, p. 95.

〔2〕 Perry Anderson, "Components of the National Culture", *New Left Review* 50 (1968), p. 57.

文化性，政治性反而退居次要的位置。同样，密里本德也承认新社会运动对改造资本主义社会的作用和意义。之所以新社会运动能够对社会进步和社会发展产生重要的影响，原因在于它对社会发展提出了新的议题、动员了大量的社会成员，并且在事实上已经对社会发展产生了重要的影响力。

然而，从另一方面来讲，新社会运动对传统的以劳工为主体的阶级斗争却具有双重的影响和意义。一则，新社会运动是传统劳工运动的重要补充，因为它毕竟提出了传统的劳工运动没有提出的议题，拓展了社会平等的范围。二则，新社会运动与传统的劳工运动相比，它们具有一定程度的基础相似性，它们"都反对现行的权力结构、国家政策和传统的思想模式"[1]。但是，新社会运动与传统的阶级斗争相比，又有着许多方面的差异，比如在基本的社会群体划分方面，女权主义运动和黑人运动坚持将性别和种族作为主要的划分标准，反对适用经典马克思主义理论中的阶级划分标准。因此，在很多方面，新社会运动拒绝了马克思主义的基本视角、方法和思想，否认以劳工运动为主体的阶级斗争是推动社会进步的主要手段。

因此，从这个角度而言，新社会运动与阶级斗争相比，二者还是存在着巨大的差别的。然而，在密里本德看来，新社会运动虽然促进了社会的变革和平等，但是并不能从根本上改变资本主义社会的权力结构，从最深刻的意义而言，也不能彻底改变资本主义制度。只有以工人阶级为主体的阶级斗争，才是社会发展的基本动力。即便是新社会运动，如果把它置于阶级领域中去看，相应的问题会表现得更为突出，"女权主义者们对允许妇女受到压迫、排斥和歧视的社会和政治制度抱有公正、

---

〔1〕 Ralph Miliband, *Divided Societies - Class Struggle in Contemporary Capitalism*, Oxford: Clarendon Press, 1989, p. 96.

尖锐的批判态度，但是她们的批判并没有涉及整体的制度和产生女权运动所反对的邪恶的原动力。"〔1〕事实上，自由主义的女权主义者把性别压迫的原因归结为传统以及先天的性别差异，他们认为男人天生就是暴虐的、无情的；社会主义也有女权主义思想和运动，社会主义女权主义认为，性别差异只是其中的一个因素，同时它还强调存在于性别差异之后的更为深刻的阶级差异，而且认为阶级差异相对于性别差异而言，是更为根本的差异，具体来讲，同为女性，处于社会上层权力结构中的妇女的社会地位、家庭角色、法律权利等方面都比下层权力结构中的女性要好得多，就是与处于下层权力结构的男性相比，也具有极大的优越性。可见，在这里，造成社会不平等的主要因素并非性别差异，而是阶级差别。

同时，在资本主义世界，其阶级斗争的范围，并不仅限于资本主义一国之内，而是超越了国家的界限，具有了国际性的特点。从历史上来考察，国际范围内的阶级斗争，一直存在着，因而并非什么新鲜事物。当年的法国革命，遭到了欧洲旧势力的联合镇压，欧洲的 1848 年革命，也遭到了残酷的镇压，这些都是国际范围内阶级斗争的典型表现。第二次世界大战以后资本主义国家所奉行的"冷战"政策和冷战思维，也是在"苏联威胁论"的指导和恐吓下运行的。可以说，在世界范围和局部范围内的战争、军备竞赛、核武器危机等，都是美国"干涉主义"的结果，"冲突的根本根源并非苏联和美国的对抗，而是美国开展的反对世界上所有的民族独立、改革和革命力量的斗争。"〔2〕

---

〔1〕 Ralph Miliband, *Divided Societies－Class Struggle in Contemporary Capitalism*, Oxford: Clarendon Press, 1989, p. 101

〔2〕 Ralph Miliband, *Divided Societies－Class Struggle in Contemporary Capitalism*, Oxford: Clarendon Press, 1989, p. 179.

总之，在资本主义世界，阶级并没有消灭，阶级斗争也无时无处不存在着。不能否认阶级斗争的范围、规模和力量，当前最需要做的是，不断地进行理论创新，为经典马克思主义的发展提供理论支持。

三、平等主义祛魅

当初，"自由、平等、博爱"是资产阶级革命的口号，曾经号召各种不同的社会阶级，取得了资产阶级革命的胜利。从一定意义上说，平等是资本主义的重要价值，更是一种不可抗拒的历史发展趋势。托克维尔考察了美国的民主状况，说道："我在合众国逗留期间见到一些新鲜事物，其中最引我注意的，莫过于身份平等。注意了这种平等对相关方面的重大影响。""它赋予舆论以一定的方向，法律以一定的方针，执政者以新的箴言，被治者以特有的习惯。""我又看到这件大事的影响远远大于整治措施和法律，而且它对政府的钳制作用绝不亚于对公民社会的这种作用。它不仅在制造言论，激发情感，移风易俗，而且在改变非它所产生的一切。"[1]

第二次世界大战后，在发达资本主义国家，平等主义得到进一步发展，各种诸如资本主义社会是日趋平等的社会之类的论调非常普遍，认为资本主义已经进入"后资本主义"阶段，它与马克思时代的资本主义极为不同，甚至与第二次世界大战之前的资本主义也不相同，因为战后的马克思主义已经是生产力高度发达、物质能力大大提高、消费水平明显改善、民主化程度进一步发展的社会，在这种背景下，发达资本主义社会已

---

〔1〕［法］托克维尔：《论美国的民主》（上卷），董果良译，商务印书馆2013年版，第4页。

经成为日趋平等的社会，"工业革命的基本政治问题已经解决；工人已经取得了工业和政治上的公民地位；保守党人已接受了福利国家；左翼民主派已经承认，国家权力的全面增长对自由的危害，远比解决经济问题为甚。"[1]密里本德对诸如此类平等主义的认识和观点极为反对，认为这些都是"极端不成熟"的看法。

（一）对平等主义理论的批驳

第二次世界大战以后，资本主义世界体系的经济获得了飞速的发展，生产力大大提高，工业化水平和规模空前进步，相应地，由于多种因素合力的作用，资本主义世界采取了一系列社会福利、社会保障政策，政治制度和法律制度也更加完善，社会平等进一步发展。在这一历史形势下，发达资本主义社会中产生了一系列"平等主义"论调。

首先表现出来的就是社会平等论。这个观点有着多层的表现，比如"阶级平等论""阶级消失论"，对于这个问题，正如前一节我们所分析的那样，密里本德通过客观、系统的论述，对资本主义社会的阶级问题进行了细致、具体的分析，指出了资本主义社会不仅不是一个没有阶级的社会，还是一个阶级分裂日益明显、阶级斗争日趋激烈的社会。

其次就是在现代丰富生产力基础上出现的"消费主义"，也就是密里本德所谓的"消费者革命"。对于消费主义，马尔库塞曾经在其著作《单向度的人》中描述道："工人和老板享受同样的电视节目，漫游同样的风景胜地，打字员同他雇主的女儿打

---

[1] ［美］西摩·马丁·李普塞特：《政治人——政治的社会基础》，张绍宗译，上海人民出版社1997年版。转引自 ［英］拉尔夫·密里本德：《资本主义社会的国家》，沈汉、陈祖洲、蔡玲译，商务印书馆1997年版，第14页。

扮的一样漂亮，连黑人也有了高级轿车。"〔1〕密里本德也引用了一名学者在《新工人阶级》中的话对这一现象进行了类似的描述："假期里在蓝色海岸中部，西西里和希腊，年轻的冶金工人分享经理女儿的'塔希提岛式'的平房，他们购买同样的唱片和跳同样节奏的舞蹈。"〔2〕但是，密里本德对此分析道，对于消费主义革命，其一不能忽视的是工人阶级和其他阶级在消费数量和消费质量上的差别；其二不能忽视消费平等主义遮掩下的真实阶级关系，即便冶金工人和经理的女儿消费着同样的商品，也不能改变冶金工人和经理之间管理与被管理、雇佣和被雇佣的真实关系。

　　再次，就是对"经理主义"的批驳。第二次世界大战后，随着资本主义企业规模的扩大，其逐步超越国家的界限，形成了大量的跨国公司。在这种情形下，传统上的所有权和经营权由二者合一变为逐步分离，所有者在很多情形下不再参与经营，随之出现了大量的经理人阶层。经理人阶层的出现，引起了人们的极大兴趣，有观点认为职业经理人的出现，颠覆了传统上的资本主义企业模式，"经理的活动在很大程度上不受单个股东的控制甚至不受其施加的压力，而企业越大，它的所有权就越分散，它的豁免权似乎就越大。"〔3〕因此，经理人主义也被称为"经理人革命"，有观点认为它不仅改变了自由主义经济的基础，而且形成了新型的企业和国家、社会之间的关系，资本主义在职业经理人的带领下，不再以单纯的经济利润作为自身的行为

　　〔1〕　[美] 赫伯特·马尔库塞：《单向度的人——发达工业社会意识形态研究》，刘继译，上海译文出版社 2006 年版，序言。

　　〔2〕　转引自 [英] 拉尔夫·密里本德：《资本主义社会的国家》，沈汉、陈祖洲、蔡玲译，商务印书馆 1997 年版，第 32 页。

　　〔3〕　[英] 拉尔夫·密里本德：《资本主义社会的国家》，沈汉、陈祖洲、蔡玲译，商务印书馆 1997 年版，第 34 页。

动机和结果判断标准，现代经理型企业将改变其传统的自私、唯利是图的形象，成为富有同情心和负责任的社会主体。对于这些观点，密里本德批驳到，其实这些都不是什么新鲜的观点，在古典资本主义发展史上，同样出现过类似的见解，"从这点来看，这种对于经理主义的新的宣传，也许除了一阵喧嚣之外，没有多少意义。"〔1〕

同时，通过对现代企业经理人的考察，可以发现，经理人与传统的资本家在根本的行为动机、行为目的等方面，有着高度的相似性和一致性，他们对企业的经营和管理、对企业的生产、扩张和创新，都是为了获取高额的利润，都是为了攫取尽可能多的剩余价值。尽管现实中，企业的所有者和职业经理人之间，经常会发生各种各样的矛盾，但是二者的最终目的却是一致的，二者的关系是一种合作关系，而不是对抗关系。同时，职业经理人在资本主义经济体系中，往往处于收入的顶层，因而也位于社会金字塔的顶端，根据密里本德对资本主义社会阶级结构的具体分析，职业经理人根本不属于什么新的阶级，甚至不属于什么新阶层，职业经理人是资本主义社会的"经济精英"，应当属于"统治阶级"。

最后，密里本德分析了资本主义社会的国有经济部分，因为在第二次世界大战后，发达资本主义国家相继进行了一定范围的经济制度改革，对一些国民经济的重要部门进行了"国有化改革"，实行"混合经济"模式。密里本德认为，发达资本主义"混合经济"并没有改变经济的资本主义本质，因为混合经济中的国有成分，总是被保持在极小的范围之内，而且很多还是一些盈利能力差的部门和领域。从这个角度而言，公有制经

---

〔1〕〔英〕拉尔夫·密里本德：《资本主义社会的国家》，沈汉、陈祖洲、蔡玲译，商务印书馆1997年版，第37页。

济并不能改变资本主义经济本质；而且，资本主义国有经济，在许多情形下是为私有制经济服务的。在公有制经济和私有制经济的关系问题上，前者从属于后者，而不是后者从属于前者，在密里本德看来，二者之间的主从关系是划分资本主义经济和社会主义经济的主要标准和界限之一。

（二）对资本主义经济、政治权力关系的分析

一方面，在财产和民主的关系问题上，密里本德认为，二者之间存在一种张力关系，那就是"拥有财产的人总是厌恶民主"[1]。托克维尔在其政治学名著《论美国的民主》中指出："身份平等的逐渐发展，是事所必至，天意使然。这种发展具有的主要特征是：它是普遍的和持久的，它每时每刻都能摆脱人力的阻挠，所有的事和所有的人都在帮助它前进。""以为一个源远流长的社会运动能被一代人的努力所阻止，岂非愚蠢！认为已经推翻封建制度和打倒国王的民主会在资产者和有钱人面前退却，岂非异想！在民主已经成长得如此强大，在其敌对者已经变得如此软弱的今天，民主岂能止步不前！"[2]托克维尔在这里是要表明，社会的民主进程是一种社会规律，也是一种客观的历史进程。但是，密里本德却对这一判断提出了质疑。密里本德认为，从托克维尔写出《论美国的民主》，到自己所处的年代，资本主义已经经过一百多年的发展，虽然在民主和平等方面取得了许多成就，尤其是在公民的政治权利和法律平等方面，平等和民主特征让人难以忽视，但是，在财产的占有和分配方面，情况却远非如此。在这方面，民主和平等从本质上来

---

〔1〕　张亮、熊婴编：《伦理、文化与社会主义：英国新左派早期思想读本》，江苏人民出版社 2013 年版，第 191 页。

〔2〕　[法] 托克维尔：《论美国的民主》（上卷），董果良译，商务印书馆 2013 年版，绪论。

看，不但没有取得令人瞩目的成就，而且还进一步拉大了贫富的差距，造成了许多新的不平等，数量极少的大公司在整个国民经济体系中占据着压倒性的优势。在这里，为了说明发达资本主义经济中存在大规模的垄断和不平等现象，密里本德进行了大量的数据性引述："1962 年美国 5 个大工业股份公司的财产总值超过了 360 亿美元，所有这些财产的 12%用于制造业。50个大股份公司拥有所有制造业资产的三分之一以上，500 个最大的股份公司拥有三分之二以上的总资产。股份公司拥有的总资产超过了 1000 万美元，大约总数为 200 个的企业和所有资源的80%用于美国的制造业。"[1]同样的经济集中和经济垄断现象也出现在德国等发达的资本主义国家。在这种情形下，很难说发达资本主义国家经济上在走向平等。

另一方面，流行于发达资本主义国家的股份制公司制能不能削弱大公司的垄断性和垄断力呢？因为毕竟股份制公司的企业组织形式，使得许多企业的职工通过入股、配股、股权激励等形式获得了公司的股票，在一定程度上，这些职工也成为公司财产的所有者。密里本德认为，企业的股份制改革不能改变资本主义企业的性质，同时也不能减少资本主义社会的经济不平等现象。与此相反，股份制形式反而会成为垄断资本家新的资本垄断方式，因为他可以通过少量的资本额控制比其原始股本额多得多的资本额，而在公司的日常运营、管理中，大量的中小股东，尤其是其中的小股东几乎没有话语权，进一步沦为大资本的附庸。因此，从这个意义上讲，股份制不仅没有改变资本主义经济不平等的事实，反而成为进一步扩大不平等的工具和途径。

---

〔1〕〔英〕拉尔夫·密里本德：《资本主义社会的国家》，沈汉、陈祖洲、蔡玲译，商务印书馆 1997 年版，第 17 页。

另外，对于资本主义经济内在的、先天的扩张性，马克思在《共产党宣言》当中进行了天才的预判。密里本德根据资本主义新的经济形势，对这一问题进行了进一步的分析。他认为，资本主义经济不平等的具体表现，除了静态意义上的经济不平等以外，还包括动态意义上的经济不平等，经济集中就是其中最有力的证据。同时，资本主义的经济集中，不仅表现在对国内经济资源的垄断上，同时还表现在资本主义经济的国际扩张上，跨国公司就是资本主义经济跨国扩张的典型形式和特征。资本主义经济的国际化，引起了落后地区的抵抗和矛盾，但在目前的形势之下，民族矛盾和民族抵抗很难阻止资本的国际扩张，这一方面是由资本主义经济的本质决定的，另一方面也受到资本主义国家的干涉政策以及拉拢和收买政策的影响和制约。同时，这种资本主义经济的扩张性，也引起了政治上的相应变化，诸如"欧洲经济共同体"等国际组织的出现，正是经济国际化扩张"试图在资本主义范围内克服它的一个主要'矛盾'，即民族国家作为基本的国际生活单位已日渐明显地萎缩。"[1]

同时，发达资本主义经济的不平等一方面表现在大型企业的数量增长和规模扩张上，另一方面还表现在大量的中小企业以及手工业数量和规模的萎缩上。以"自我经营的店主、技工和工匠"为例，其人数与规模在资本主义经济的排挤下，"在美国，它从1870年占40.4%下降到1954年时的13.3%"[2]。即便是在发达资本主义国家内实行了严格的反垄断制度，但是还是难以改变中小企业在自由竞争中的不利地位，造成这一结果

　　〔1〕　〔英〕拉尔夫·密里本德：《资本主义社会的国家》，沈汉、陈祖洲、蔡玲译，商务印书馆1997年版，第19页。
　　〔2〕　〔美〕K.迈耶尔：《美国社会结构的变化》，载《第三次社会学世界大会会报》1965年第3卷，第70页。

的原因，与其说是由于法律规定的不公平、执行力度欠缺等，还不如说这是由资本主义的逐利本质和扩张本性所决定的。此外，在资本主义经济发展的过程中，资本主义政治关系也相应地在发生变化，在很大程度上可以说，资本主义经济规模的急剧扩张，经常会仰赖于资本主义政治关系的不断调整和帮助。

正如上文所提到的那样，民主和平等虽然在资本主义条件下，取得了长足的发展，具体表现为公民政治权利的扩展和平等化、法律权利平等，尤其是法律程序权利的发展和平等化等诸多方面。然而，如果仔细观察就会发现，在发达资本主义社会，其经济权力的平等化进程与政治权力的平等化进程是不能同步进行的，根据经典马克思主义社会存在决定社会意识、经济基础决定上层建筑的基本理论，这就揭示资本主义政治关系也不是真正的平等关系，具有很大的虚伪性和欺骗性。具体来讲，从法律上而言，用程序的平等掩盖实体的不平等，用形式正义遮蔽实质上的不正义，从公民政治权利的具体实践而言，总是通过现实中的各种手段和壁垒来影响、误导公民理性的政治判断和政治选择，更不用说现实中对公民人身权利和政治权利的屡屡侵犯；从资本主义经济组织和政治组织的关系而言，二者本质上是一种通融关系，二者在人员的选择、经费的来源、共同意识的培养和形成等方面，存在着千丝万缕的关系。总之，"经济生活无法和政治生活分开。就不平等的经济权力在发达资本主义社会的规模和它的冲突来看，无论宪法是否讲明，它至少在相当程度上不可避免地造成了政治的不平等。"[1]资本主义政治关系，包含着诸多的主体，比如教育机构、新闻媒体、教会等社会组织，在很大程度上都起着稳固现实的政治关系和经

---

〔1〕[英] 拉尔夫·密里本德：《资本主义社会的国家》，沈汉、陈祖洲、蔡玲译，商务印书馆1997年版，第265页。

济关系的功能，在这些政治性主体当中，国家无疑是最大、最主要、最重要的政治性组织。国家的本质和功能，国家在维护资本主义统治关系中的作用，对全面分析资本主义权力关系至关重要。

那么，在发达资本主义社会，经济权力和政治权力究竟是一种什么样的具体关系呢？

首先，在密里本德看来，虽然传统马克思主义的"经济决定论"被很多人误解和诟病，但是其对经济基础的地位和作用的强调却是完全合理而正确的，虽然这种过度强调导致了许多令人意想不到的后果。在发达资本主义社会中，无论经济结构、经济类型等具体的经济权力类型如何变化，都不会影响这些社会中基本的阶级划分，也不会影响统治阶级和被统治阶级的真实存在。而一个明显的事实是，在阶级社会中，统治阶级首先是在这个社会中控制了经济基础和大量的经济权力的社会主体和社会集团。

其次，在发达资本主义社会，经济权力和政治权力是一种相互融通的关系，也就是二者之间相互融合和贯通的关系。密里本德指出，在发达资本主义社会，经济精英和政治精英即使不是完全重合，但也至少存在着极为普遍的相互交流和权力交换的事实和过程。在发达资本主义国家，在诸如马克斯·韦伯、熊彼特（Schumpeter）以及雷蒙德·阿隆等学者对经济权力和政治权力关系所描述的情形中，总是倾向于把各种在经济上占据优势甚至是统治地位的阶级说成是由于种种主观或者客观的因素，从而是对政治权力丝毫不感兴趣或者是对政治权力没有任何兴趣和野心的人物和群体，但是密里本德认为，这纯粹是一种谎言，也是对经济权力和政治权力之间所存在的真正关系的一种虚伪的言辞遮蔽。在这个方面，密里本德的观点和他的朋友米尔斯的观点完全一致。米尔斯认为，在美国，各个领域的权力精英并非是一种相互疏离的关系，相反，他们之间是密切关注、相互合作的关系，在经济精英、政治精英和军事精英之间，存在着一种"权力三角"关系，即"如果政府干预企业的经济活动，反之，企业也有可能插手政府事务。在结构意义上，这种权力三角是纵横交错的联合董事会的源泉，是当代历史框架中的重中之重。"〔1〕密里本德完全认同查尔斯对发达资本主义社会权力精英之间关系的这种判断。密里本德认为，在发达资本主义社会，实业家和政府以及其他的国家机构之间的关系，并非表面上或者宣传中那样的疏远，事实上，二者之间的关系是复杂的，但同时又是密切的，因此所谓实业家不直接参与政府的说法，纯粹是一个谎言，真实的情况是，实业家"甚至比密切关心经济生活的国家更为密切地介入了政府活动，无论在哪里，只要国家以一种与其他经济群体相比异常有力的姿态去'干涉'的地方，在那里也就可以发现实业家在影响甚至决定这种干涉的性质"〔2〕。

那么，最后需要回答的一个问题就是，在经济权力和政治权力的相互关系中，谁才是真正的基础性、决定性权力呢？密里本德认为，从发生学的角度而言，自然是经济权力的作用更为基础，更具决定性。但是，在具体的权力运行过程中，经济权力和政治权力已经融为一体，在很多场合，已经很难回答何种权力才是真正决定性的权力。当然，如果从最根本的意义上来讲，依然是经济权力决定着政治权力，因为经济权力才是社

---

〔1〕 ［美］查尔斯·赖特·米尔斯：《权力精英》，王崑、许荣译，南京大学出版社2004年版，第6页。

〔2〕 ［英］拉尔夫·密里本德：《资本主义社会的国家》，沈汉、陈祖洲、蔡玲译，商务印书馆1997年版，第63页。

会权力结构的决定性因素。

(三)　统治阶级的文化霸权

作为与英国新马克思主义乃至与整个西方马克思主义共享一种理论传统的英国新左派代表人物，密里本德的关注焦点不限于纯粹的政治现象和政治理论，在他身上体现出一种更为广阔的理论视野和理论视角，具体表现之一就是他对有关文化问题的理论分析。

经典马克思主义作家对社会的分析更多地倾向于经济角度，但这并不意味着其对文化问题没有任何的关注和涉及。比如，马克思和恩格斯在《德意志意识形态》中就曾经写道："统治阶级的思想在每一时代都是占统治地位的思想。这就是说，一个阶级是社会上占统治地位的物质力量，同时也是社会上占统治地位的精神力量。支配着物质生产资料的阶级，同时也支配着精神生产资料，因此，那些没有精神生产资料的人的思想，一般是受统治阶级支配的。"[1]密里本德认为，马克思、恩格斯的这句话虽然在某些方面需要加以重新解释和修正，但是也同时表明，马克思、恩格斯在当时就已经意识到并且明确地提出了这样一个观点："即在这些社会的文化领域中，资本主义生产了最大部分的产品，因此，很自然这些产品是以这样或那样的方式帮助保卫资本主义的。"[2]

密里本德对马克思、恩格斯的这一文化思想进行了扩展性、具体性分析。密里本德认为，在二战后，供群众消费的文化缺少马克思主义的分析和解释工作，在二战之前，这种工作更是几乎缺失。他对葛兰西的理论研究工作给予了高度赞誉，认为

[1]《马克思恩格斯选集》(第1卷)，人民出版社2012年版，第178页。

[2] [英] 拉尔夫·密利本德：《马克思主义与政治学》，黄子都译，商务印书馆1984年版，第55页。

葛兰西非常了不起，因为葛兰西早在二战前就强调了文化的重要性，并指出必须重视文化生产的每一个环节和每一种产品，无论这种文化产品是重要还是平凡，而且强调了在文化领域争夺统治权的重要性和意义。

密里本德认为，在资本主义社会，由统治阶级所掌控的文化生产，生产出了大量的文化产品，从表面上看，这些文化产品所表达的思想十分自由而多样，但是其中却有一根主导性的意识形态主线，那就是其总是企图阻止以工人阶级为主的从属阶级形成并发展自己的阶级意识，同时尽力降低工人阶级采取激烈的方式取代资本主义制度的任何渴望。[1]也就是说，资本主义文化生产的根本目的就是维护资本主义根本秩序。因此，在资本主义社会中，其文化生产和文化实践也可以被看成是一种文化斗争领域，即"意识形态斗争"。

资本主义的意识形态斗争在文化的所有领域进行。在不同的领域，其文化霸权意义和作用各不相同。同时，在不同的资本主义国家，其所产生的效果也各不相同。因此，在进行分析时，不应当笼而统之，而应当针对不同的文化斗争领域，针对不同国家的客观情况，进行有区别、有差异的分析和研究。

比如，意识形态斗争可以在传统领域进行，也可以在信息交往领域进行，而且这两个领域是人们关注比较多的领域，但是这并不能把其他的领域排斥在外，比如工人阶级的工作过程本身就是一种文化生产和文化斗争的场所。密里本德分析道，资本主义工作过程有两个特点，第一点是劳动分工，第二点就是基于前一点所形成的劳动者分工，即在工人阶级内部形成的分工，这两个特点严重地分裂了工人阶级内部的团结，阻碍了

---

[1] ［英］拉尔夫·密利本德：《马克思主义与政治学》，黄子都译，商务印书馆1984年版，第55页。

工人阶级统一阶级意识的形成。另外，在资本主义工作过程中所形成的工人阶级的服从特征，也成为工人阶级文化的重要特征。分工、分裂和服从，成为存在的事实，导致工人阶级成员产生严重的挫折感，这种挫折感需要得以放松和宣泄，资本主义体育文化满足了这种需要。

资本主义体育文化是资本主义文化的重要组成部分。资本主义体育文化，有这样一些特点，即大量的观众、商业主义和金钱标准。密里本德观察到，除了公共体育，没有哪一种其他的公共活动能够吸引到如此之多的观众，而这些观众以及与之相关的工作人员，大多数是工人阶级或是工人阶级出身。资本主义体育文化充斥着商业主义的气息，它极大地发展了与之相关的产业，比如体育用品业、博彩业以及广告业等。因此，资本主义体育文化本身就是"总体文化"的重要组成部分，它有利于形成或者破坏阶级意识的形成和发展。之所以说是"形成或者破坏"，是因为不能简单地说，"工人阶级作为观众卷入体育活动，在资本主义条件下很可能对于阶级意识的发展更加不利"[1]。因为类似于公共体育这样的领域，本身就是一个文化和思想斗争的场所和领域。

这就回归到马克思、恩格斯和葛兰西关于文化的思想上了。密里本德认为，无论是马克思、恩格斯的观点还是葛兰西的进一步解释，都对"统治阶级的思想占统治地位"这一观点判断和表述得有些过分了，或者说是在很大程度上过分地高估了统治阶级在这一领域的统治地位。因为这一"统治权"思想没有关注到，甚至是忽视了在许多情况下，那些针对统治阶级的思想所进行的多方面的、持续不断的挑战，以及无论处于何种不

---

〔1〕　[英]拉尔夫·密利本德：《马克思主义与政治学》，黄子都译，商务印书馆1984年版，第57页。

利的地位和状况，这种挑战都对统治阶级的思想地位产生了经常性的侵蚀这一客观的现实和事实。[1]因此，在密里本德看来，虽然在经济、政治上，统治阶级都占据了统治性地位，但是在思想文化领域，却并非如此，事实上，从历史过程和历史事实来观察，文化思想领域一直都是"一个争夺得十分激烈的领域"[2]。

密里本德认为，在这一意识形态斗争领域，大部分的斗争是通过"意识形态机构"来进行的，这些机构有的是政治性十分明显的机构，包括国家机构，有的是政治性不明显甚至是明确宣称远离政治、政治中立的机构。在谈到"意识形态机构"时，阿尔都塞（Althusser）曾经提出了"国家意识形态机构"的概念，他说道："这就是我——追随葛兰西——称之为意识形态国家机器制度的东西，它指的是一整套宗教的、道德的、家庭的、法律的、政治的、审美的以及诸如此类的意识形态机构，掌握权力的阶级运用这些机构，在统一自身的同时也成功地把它的特殊的意识形态强加给被剥削群众，使之成为后者自己的意识形态。"[3]在这里，阿尔都塞的"国家意识形态机构"思想把所有的意识形态机构都看成具有国家性质的机构，并且把"国家意识形态机构"与"国家镇压机构"进行了区分，前者包括了许多领域和类型，比如宗教的国家意识形态机构、家庭的国家意识形态机构、政治的国家意识形态机构等。密里本德认为，阿尔都塞对意识形态机构的划分，混淆了国家和社会以

---

〔1〕 ［英］拉尔夫·密利本德：《马克思主义与政治学》，黄子都译，商务印书馆1984年版，第58页。

〔2〕 ［英］拉尔夫·密利本德：《马克思主义与政治学》，黄子都译，商务印书馆1984年版，第59页。

〔3〕 陈越编：《哲学与政治：阿尔都塞读本》，吉林人民出版社2003年版，第239页。

及阶级权力和国家权力的概念及相互之间的界限，或者说这种划分很容易造成这种混淆的结果。因此，应当认真讨论二者之间的区别，这种讨论以及对相关概念的厘清和对相关关系的分析，不仅有利于资本主义条件下的文化斗争和文化领导权的争夺，而且对于社会主义社会也同样适用。具体地说，其不仅有利于资本主义文化霸权的瓦解，更有利于社会主义文化领导权的形成和顺利发展。

在思想文化领域，知识分子具有重要的地位和作用。葛兰西对知识分子问题提出了许多具有开创性的见解，他认为对于知识分子的界定，不应当仅从活动的本质上去考虑和界定，而应当从关系体系的整体性中去探寻知识分子的概念和特征。葛兰西认为，如果仅从主体活动的智力性特征中去定义知识分子，那么所有的人都可以被称为是知识分子，因为几乎所有人的活动都具有智力性特点，更为重要的是，应当看到"并非所有的人在社会中都具有知识分子的职能"[1]，因此对于知识分子，更应当关注其地位和职能。按照这个标准，葛兰西把知识分子分为传统知识分子和有机知识分子，传统知识分子代表着一种历史的连续性和延续性，而有机知识分子是指在社会发展和剧烈变革时期，尤其是社会中出现了代表新兴生产力和社会发展方向的新阶级时而产生的能够发挥特殊功能和作用的知识分子。在葛兰西看来，任何一个新兴的、具有巨大发展潜力的阶级，都需要产生出属于自身的有机知识分子，这样才能够在思想文化领域反霸权的斗争中获取胜利。

密里本德认为，葛兰西提出的这一议题非常重要，正是知

---

〔1〕［意］安东尼奥·葛兰西：《狱中札记》，曹雷雨等译，中国社会科学出版社2000年版，第4页。

识分子"在提出和建立新的'常识'中起主要作用"。[1]但是，知识分子是作为党组织的成员在起着这样的作用。同时，党本身是革命运动的领导核心。这样，在党组织和知识分子之间，在知识分子和革命之间，就会产生一种紧张点。在理论和实践之间，在目标和过程之间等，这样的紧张随时存在、到处可见。一方面，批评和探讨是知识分子应当具有的内在品质。另一方面，对于什么才是知识分子的正确使命，需要进行开放的、科学的、公正的、民主的讨论。

四、资本主义统治合法化分析

在密里本德看来，"合法化"问题与"合法性"问题既相互关联，又有所区别。合法性更多地表征了一种静态的描述性特征，而合法化则意味着一种动态机制和过程的探寻，因此与合法性问题相比，合法化问题不仅关注结果，而且关注原因；不仅着眼于事物的现状，更着眼于事物的历史过程与未来发展趋势。具体而言，在密里本德的著作中，他既分析了资本主义统治的合法性问题，又分析了资本主义统治的合法化问题。对于资本主义统治的合法性问题，他通过技术批判、民主批判和权力批判等层层剥茧式的分析，证明和批判了资本主义统治的不合理性和不合法性；对于资本主义统治的合法化问题，他运用马克思主义的基本理念、经验主义的思维方式、文化研究的理论向度，揭示了资本主义统治为什么能够在其不合理与不合法的特征和本质背景下获得全体社会成员，尤其是被统治阶级的认可、同意甚至是信仰，从而获得统治的合法性，其中，密

---

〔1〕［英］拉尔夫·密利本德：《马克思主义与政治学》，黄子都译，商务印书馆 1984 年版，第 68 页。

里本德尤为关注资本主义统治获得合法性的过程、机制和途径。

意识形态的概念由法国哲学家特拉西（Trasy）首先提出和使用。起初，特拉西把意识形态界定为一个肯定性的概念，并将其含义规定为"关于观念的科学"。当时，特拉西提出意识形态概念的目的是与宗教神学、经院哲学的基本谬误相区别，以便于研究认识的本质与根据。后来，意识形态的概念被一些资产阶级革命家作为斗争的思想和理论武器，从而意识形态便具有了多重的含义与指向。经典马克思主义作家也在多重含义上使用意识形态一词，其中最典型的表现就是马克思和恩格斯合写的第二部巨著《德意志意识形态》，其中，"意识形态"具有了多样化的意指，其一，意识形态是指一种"虚假的意识"；其二，"意识形态"代表统治阶级的价值观和思想；其三，意识形态指革命阶级的阶级意识。[1]从目前人们对意识形态使用的经验来看，意识形态已经成为一种比较中性的用语，泛指一切具有价值倾向性的、有一定影响力的思想或者观念。"意识形态作为观念的上层建筑，其在本质上是集团性话语，在任何文明社会中的任何国家，都作为一个必要、重要的社会结构或社会领域实实在在存在着。"在当前的国际、国内形势下，"意识形态能力很可能会开辟一个新的研究领域"[2]。

与上述观点相对应的另外一种理论观念和思维方式强烈主张在日常话语、现实实践和理论研究中"去意识形态化"，强调知识的科学性、价值的普适性。这种"去意识形态化"的观念几乎在理论和实践的每个领域都大量存在着。例如，著名法学

---

〔1〕 赵笑蕾：《意识形态：一个经典概念的历史起点和逻辑起点——读〈德意志意识形态〉》，载《理论学刊》2014年第5期。

〔2〕 侯惠勤：《意识形态能力研究凸显理论和现实的双重价值——兼评〈新时期领导干部意识形态能力建设〉》，载《理论探索》2014年第3期。

家汉斯·凯尔森（Hans Kelsen）在其名著《纯粹法学》中宣称："纯粹法学之所以名为纯粹，就是因为纯粹法学要保证对法的单一的认识，因为它要正确地排除不属于由法所规定的对象的一切事物之认识。换言之，纯粹法学要使法律学从一切异质的分子当中解放出来。"〔1〕凯尔森试图建立以法律规范为基础的纯粹法律科学。那么在上述这种"强调意识形态"与"去意识形态化"的观念博弈，就向我们提出了以下几个问题，那就是：在当今的理论交锋中，所谓意识形态之争是不是一个真正的理论命题，如果不是，那就要回答为什么不是，如果是，那就要回答为什么是，是什么，它们各自的内容和特点是什么。很明显，这个问题是一个非常宏大而复杂的问题。显然，密里本德对这一系列问题的回答都是肯定的，他在许多场合都谈到了意识形态问题。

首先，密里本德认为，意识形态问题是一个值得认真对待和研究的命题，而且是一个至关重要的命题，它的重要性不仅在于人们对意识形态的关注一度成为显学，而且在于意识形态问题是关乎资本主义批判和社会主义建构的基本理论问题。事实上，密里本德正是在这个意义上来研究意识形态问题的。从这个角度而言，密里本德需要回答在发达资本主义社会，到底存不存在处于统治地位的意识形态，这个占据统治地位的意识形态是什么，它能够发挥什么样的理论价值和理论作用。密里本德指出，在发达资本主义社会，虽然呈现出思想多元、言论自由以及公民诸多的民主权利和政治权利的整体景观，但在一定程度上而言，这些都是一种虚假意识和表象，事实上，在这些权利、自由和民主的背后，却有着一条基本的价值观在起着

〔1〕〔奥〕凯尔森：《纯粹法学》，刘燕谷译，中国文化服务社1943年版，第1页。

根本的指导作用，这个基本的价值观就是资本主义价值观，具体而言就是经济上的自由市场经济、政治上的自由民主制、文化上的自由多元主义，其根本目的是维护资本主义私有制、保护统治阶级的根本利益。在谈到资本主义社会统治阶级的阶级意识时，密里本德写道："统治阶级存在着各种各样的思想意识方面固有的分歧，这也许是真实的，但在对待经济和政治生活中的关键问题上，却并不排除基本的政治上的一致。"[1]"事实上，统治阶级已经十分充分地比马克思时代的无产阶级更好地意识到'阶级自身'的存在，即它确实已经意识到自己的阶级利益，富人总是比穷人有更强烈的'阶级意识'。"[2]在谈到国家、经济制度以及意识形态之间的关系时，密里本德揭示道："政府可能只是关心更好地经营'经济'。但是，把这样一个制度描述为'经济'制度只是意识形态的表达方法，它模糊了真实的过程。因为得到改善的是资本主义经济，这就保证了无论是谁得到了或是全无所得，资本主义利益却完全不受损失。"[3]同样，对于类似上述凯尔森的观点与企图，密里本德回应说："在解释和制定法律时，法官们不能不受到他们世界观的深刻影响，这反过来又决定了他们对这个世界发生的冲突的态度。"[4]

从上述这些分析和见解可以看出，密里本德认为资本主义的基本意识形态和价值观，不仅真实存在，而且始终如一，保

〔1〕　[英]拉尔夫·密里本德：《资本主义社会的国家》，沈汉、陈祖洲、蔡玲译，商务印书馆1997年，第52页。

〔2〕　[英]拉尔夫·密里本德：《资本主义社会的国家》，沈汉、陈祖洲、蔡玲译，商务印书馆1997年，第52页。

〔3〕　[英]拉尔夫·密里本德：《资本主义社会的国家》，沈汉、陈祖洲、蔡玲译，商务印书馆1997年，第84页。

〔4〕　[英]拉尔夫·密里本德：《资本主义社会的国家》，沈汉、陈祖洲、蔡玲译，商务印书馆1997年，第144页。

持了极大的稳定性。

其次，资本主义意识形态，在资本主义权力体系中，发挥着重要的作用。它不仅是凝聚各种社会力量的黏合剂，而且这种统一的意识形态，还强有力地塑造着资本主义社会的重要关系，如阶级关系、国家与社会的关系、各种复杂的政治关系、国际关系、法律关系等，都离不开这种统一的资本主义意识形态的调整，例如，在1954年，美国政府决定推翻危地马拉的阿本斯政府，不仅是因为阿本斯政府从美国的联合果品公司夺去了22.5万英亩的土地，而且还由于这个行动是阿本斯政府具有"共产主义倾向"的最具可能性的证据，从而对"美国安全"造成了威胁。密里本德继续分析道："但是，这个与许多其他类似的插曲的真实意义在于，'美国安全'被那些对它负有责任的人解释为要求外国政府对于美国实业的权利和要求表示应有的尊重。这可能不是对一个政府的'可靠性'的惟一的检验标准，但是它无论如何是一个首要的标准，作为一个普通的准则，美国政府对于第三世界政府以及对整个非社会主义世界事务的态度，在很大程度上取决于这个国家的政府在他们国家中偏袒美国自由企业的程度，或是在将来可能有助于后者的程度。"[1]

再次，资本主义统一意识形态本质上就是统治阶级意识形态，正如马克思所说的那样，在一个国家，在物质生产上占统治地位的阶级，往往也控制着这个社会的精神生产。那么在资本主义社会中，统治阶级的意识形态是如何取得统治地位，从而成为控制整个社会的意识形态呢？尤其是在资本主义自由民主的政体环境中，虽然被统治阶级所享有的民主、权利和自由具有一定的虚假性和蒙蔽性，但是资本主义民主政治经过长期

---

〔1〕〔英〕拉尔夫·密里本德：《资本主义社会的国家》，沈汉、陈祖洲、蔡玲译，商务印书馆1997年版，第90页。

的发展和完善，其所具有的特征和所取得的成果，还是明显和真实的。因此，要在一个极度重视公正的法律程序、各方面都要讲究民主和权利的环境中，推行一种本质上与多元主义精神相违背的价值观和意识形态，而且至今看来，还做得比较成功，资本主义是如何做到的呢？密里本德对这个问题进行了多维度的思考。他认为，与统治阶级意识形态相比，在资本主义社会中，被统治阶级的意识形态总是多元而分裂，这是一个不容否认的基本事实。为什么会造成这种结果，密里本德认为这其中有多重的原因和因素，比如被统治阶级形成结构的多元性、工人阶级的工联主义倾向、工人运动领导人的背叛和出卖、对实现社会主义道路方式的不同选择、缺乏公认而权威的革命纲领等，都可以解释为什么被统治阶级容易并且经常陷入分裂，从而也难以实现统一的，或者比较统一的意识形态。因此，与统治阶级意识形态相比，被统治阶级意识形态往往多元、混乱，而且极不稳定。在这种情形下，两种意识形态处于明显不对等的地位，被统治阶级经常会放弃自己原有的脆弱的信仰，转而接受被统治阶级的价值观，这从历年来各资本主义国家大选的结果就可以看出，相当一部分的工人阶级并没有支持工人阶级政党，反而去投保守党的票。

最后，密里本德认为，资本主义统一意识形态的形成和稳定，对于促使资本主义统治合法化的意义至关重要，在一定程度上，它已经成为资本主义统治合法化的根本指导性原则，它为资本主义统治合法化过程提供了最根本的根据。试想，如果统治阶级难以形成统一的价值观和意识形态，整个资本主义将会是一盘散沙，这必然导致资本主义统治合法化过程无所适从、不断反复，更遑论为资本主义合法性提供根据了。因此，密里本德认为："需要强调，所谓的'霸主权'并非发生的某种简单的现象，既由经济和社会优势派生出来的纯粹的上层建筑。它在很大程度上是一种通过大量的代理人，并且有意识地创造被塔尔科特·帕森斯称为一个以'更高等级的团结一致'为基础的'在全国超越政党的一致性'的持久的和普遍的作用的结果。"[1]

此外，密里本德也十分注重文化在维护统治合法化中的基本作用。在一定程度上可以说，资本主义统治合法化的过程，与其说是统治阶级持续地、系统地镇压被统治阶级的结果，还不如说是统治阶级利用各种文化力量，通过文化优势对被统治阶级进行说服的结果。支撑这一结论的一个政治现象是反社会主义的政党往往能够在政治竞争性选举中获得群众合法的支持，密里本德认为这与葛兰西所谓的"文化领导权"观点有关，也就是统治阶级通过文化领导权，在意识形态上取得了对从属阶级的优势和领导权，从而获得了从属阶级对统治关系的同意和认可。

资本主义统治合法化的过程，是一种强大的文化和观念形态灌输的过程。提到"灌输"一词，人们往往把它与极权主义、专制主义政治相联系，认为它是只有在专制的状态中，才能够存在的专有活动。而在竞争制、多党制、反对派拥有更多空间和自由的自由民主社会里，灌输的概念和行为都是不可能存在的。密里本德认为这种看法与现实恰恰相反，因为在权力垄断和禁止反对派的地方，根本没有进行灌输的必要，反而是在意识形态的竞争不平等的社会中，才存在着大量的灌输活动和现象，而这正符合资本主义社会的特征。

密里本德把发生在资本主义社会中的这种灌输过程称作

----

[1] [英] 拉尔夫·密里本德：《资本主义社会的国家》，沈汉、陈祖洲、蔡玲译，商务印书馆1997年版，第184页。

"政治社会化"的过程，在另外一个场合，他也把它称作"双重政权"建设。"双重政权"一方面是指国家政权建设，另一方面是指市民社会政权建设，国家政权建设主要依靠镇压和暴力，市民社会政权建设主要依靠的就是文化宣传和文化灌输，二者不可偏废，从一定意义上讲，现代自由民主的背景下，社会政权建设获得了更为重要的意义和价值。

　　那么，在资本主义社会，具有政治意义的文化领域主要集中于哪些领域呢？虽然葛兰西关注每一种文化生产领域、重视每一种文化产品，但是作为政治学家，密里本德主要把关注的目光集中在对重要的生活领域有着重大影响的文化领域，比如政党文化、民族文化、教会、企业文化、媒体、教育、体育等诸多方面。与上述的阐释相一致，在资本主义社会，上述各个文化领域，都在倾向于维护资本主义意识形态的统一性，并且在统一意识形态的指导下，为整体的资本主义体制服务。比如，密里本德在谈到资本主义社会的商业广告时指出，商业广告的宣传，不仅是在宣传自身的产品和服务，还是在向社会宣扬一种企业在自由精英中的、值得人们赞许的价值理念，比如诚实、爱护、值得信赖、富有责任心等诸种美好的品质。同时，商业广告还具有"这样的特征，即倾向于操纵人们在购买商品的同时购买一种'生活方式'"[1]。因此，商业广告不仅具有直接的宣传和促销作用，同时还具有强烈的价值宣传和灌输的功能。因此，密里本德总结道："商业广告，特别在美国，同时也时常在其他国家，极其引人注目，它具有直接的政治和意识形态的

　　〔1〕〔英〕拉尔夫·密里本德：《资本主义社会的国家》，沈汉、陈祖洲、蔡玲译，商务印书馆1997年版，第220页。

内涵。"[1]而且，由于商业广告在表面上远离政治，反而比直接的政治广告更具有吸引力和说服力。商业广告的实际效果，也许并不总是立竿见影，但是反过来说："如果企业无法在树立它自身良好形象上达到广泛效果的话，那么它作为其一部分的那个制度恐怕就更少为人喜爱，因而更容易为敌对的意识形态攻击。"[2]

密里本德观察到，资本主义的文化渗透和文化灌输，也是一项艰难的事业，往往会遇到许多无法估量的种种的艰难情况，但这并不否认这些宣称"政治中立""无党无派"的资本主义政治社会化过程中的代理人，在资本主义统治合法化的过程中，发挥积极的、不可替代的作用。

总之，密里本德的考察分析，充分证明了"资本主义对精神生产手段的控制在使资本主义统治合法化方面具有巨大的重要性"[3]。但是，这一"政治社会化"机制若想有效地发挥功能，还在于"工人阶级的条件本身"，工人阶级家庭在其中扮演了重要的角色。因为工人阶级家庭在教育自己的子女时，总是告诫子女成功的途径是不断地提升自己，从而进入社会金字塔体系的更高等级之中，他们总在教育子女不断地适应社会权威的价值观和思想体系，而不是试图反抗它、改造它。

---

〔1〕［英］拉尔夫·密里本德：《资本主义社会的国家》，沈汉、陈祖洲、蔡玲译，商务印书馆1997年版，第218页。

〔2〕［英］拉尔夫·密里本德：《资本主义社会的国家》，沈汉、陈祖洲、蔡玲译，商务印书馆1997年版，第219页。

〔3〕［英］拉尔夫·密里本德：《资本主义社会的国家》，沈汉、陈祖洲、蔡玲译，商务印书馆1997年版，第262页。

第四章
发达资本主义民主批判

　　观察目前国际、国内的政治形式、政治形势和政治趋势，民主是绝对不可忽视的政治现象。发达国家自诩自己是民主国家，不发达的国家也宣称自己正在建设现代民主国家，或者已经是民主化国家。同时，民主也成为发达国家攻击别国政治以及其他社会状况的一个理由和借口，比如，美国政府就定期按国别发布人权状况白皮书，对别国的人权保护、民主进展进行评价；而且，在美苏冷战结束以来，作为世界超级大国的美国，为了自身的利益和目的，屡屡通过各种手段干涉别国内政，而促进落后国家的民主化改造就是其惯用的借口之一。而世界上一些国家，为了驳斥谎言、反对强势和霸权、总结自身建设中的成就和进步、保护自己的合理利益，也会发布各种具有政府性质的白皮书，比如我国从 1991 年以来，总共发布了 11 份中国人权白皮书，以国务院新闻办公室于 2014 年 5 月 26 日发布的《2013 年中国人权事业的进展》为例，除了目录和前言外，总共包括发展权利、社会保障权利、民主权利、言论自由权利、人身权利、少数民族权利、残疾人权利、环境权利、人权领域的对外交流和合作等方面的具体内容，其中民主权利是其中的主要内容和部分，即便是其他各种权利，也离不开民主的支撑和渗透。可见，在当今世界，民主已经成为大家共同关注的话题和主题，也是世界各国都在追求的重要目标和价值，就我国而言，民主已经成为我国社会主义核心价值观的主要内容之一。

从国家的根本制度来看，目前世界上主要有社会主义制度和资本主义制度两种形式，这两种制度在根本的指导思想、基本原则、具体运行等各方面都存在着较大甚至很大的差异。两种不同社会制度的国家之间，既存在着相互的学习和借鉴，也存在着激烈的甚至是残酷的竞争、矛盾和斗争。有人认为，资本主义民主，经过长期的历史发展与不断改革，现在已经处于其较为成熟与完善的阶段，比如说议会制、普选制、两党制、言论自由等制度，莫不是资本主义民主制的典型制度与特征，这些具体的民主制度与实践甚至令一些发达资本主义国家以外的人士赞美及向往，甚至认为资本主义自由民主制是人类社会最好的政治安排，再也没有能够代替它的制度选择。有人认为，资本主义民主，实际上是资产阶级实施阶级统治的工具，它的民主制度只不过是一种虚伪的形式，只有社会主义民主才是真正的、全民的民主，也是对资本主义民主制的最好替代。

密里本德认为，上述两种看法，都有其合理之处，但也存在着相对片面的地方。作为英国新马克思主义学者，他努力从全面的角度、以辩证的眼光和方法，力求对资本主义民主制进行客观、公正的考察、研究和评价。

一、辩证看待资本主义民主

对于应当如何认识和对待资本主义民主的问题，密里本德始终坚持一种辩证理性的观点和态度，主张运用历史的、发展的、比较的眼光对资本主义民主制进行客观、理性的分析。

（一）资本主义民主的历史进步性

对于资本主义与资本主义民主，密里本德在很多场合是不加以具体区分的。很多时候，他把资本主义就称为资本主义民主，资本主义民主成为资本主义的代名词，因为在他看来，当今的资本主义在政治上的一个明显特征就是政治的民主化以及各种具体的政治民主制的确立和完善，"在这样的社会中，市民享有普遍的、自由的和规定的选举权、代表制度以及包括言论、结社和表示反对的自由在内的实质性的市民权利；无论是个人还是集体，在法律、独立的司法和自由的政治文化保护下，都能充分地行使这些权利。"〔1〕对于这样的制度，"马克思和恩格斯曾描述过的那种制度模式，以后的马克思主义者继续在描述它，称之为'资产阶级民主'制度，它越来越熟悉地被人简称为'民主的制度'"〔2〕。

　　长期以来，对于资本主义民主，一直存在一种笼统而模糊的观点，他们或者不加区分地全盘肯定资本主义民主的体制和各种制度，认为资本主义民主已经是人类社会最好的政治安排，除此之外，再也不可能有其他更好的替代选择了；或者对资本主义制度，完全无视它的优点和长处，一概地进行反面的批判，认为资本主义民主制度一无是处，完全是虚假的、虚伪的民主，它的本质就是资产阶级玩弄、欺骗人民群众的工具，等等。密里本德认为，对待资本主义民主的这两种态度，都是极不可取的，不符合马克思主义全面的、整体的、辩证的世界观和方法论。同时，这也不利于社会主义民主制的构建和发展，即便是马克思主义的经典作家，包括马克思、恩格斯、列宁等都没有对资本主义民主进行过全盘的否定，相反，他们对资本主义民主都是力求客观、辩证地进行认识，主张吸取其中积极、可取的部分，即便是对资本主义民主的批判，也有其特定的语境，

〔1〕［英］拉尔夫·密里本德：《资本主义社会的国家》，沈汉、陈祖洲、蔡玲译，商务印书馆1997年版，第6页。
〔2〕［英］拉尔夫·密里本德：《资本主义社会的国家》，沈汉、陈祖洲、蔡玲译，商务印书馆1997年版，第26页。

不能够断章取义，以偏概全。

密里本德承认，在西方发达资本主义社会，各种形态的民主形式，尤其是政治民主，确实是一种客观的现实。也就是说，从现实的、经验的角度去观察，资本主义民主是真实的、客观的存在，资本主义民主"是一种复合的印象：它包括统治者对被统治者的职责以及有限的行政特权；军队服从于文职权力；自由地获得准确的信息和公开开放的政府；活跃的选民对相关事务的连续辩论；传播异见的自由；自由而有效地选择真正的政策替代方案。"[1]对此，左派不能轻易地加以否定，或故意视而不见。因为对于各种左派而言，这种故意低估资本主义民主真实性和广泛性的倾向还是非常明显和常见的。而这种故意忽视甚至无视资本主义民主事实和民主现实的观点和做法，"远未提供一种对于现实的指导意见，却造成了一种对于现实的深刻的困惑。"[2]在资本主义现实条件下，如果对资本主义民主不加分析地、笼统地加以批判，很难有充分的说服力，而且也对实践中实现资本主义民主的超越极为不利。

从历史的角度而言，资本主义民主并不是人类社会发展史上凭空突然出现的事物，它的产生、发展与完善是一个长期的历史过程，不仅有其深刻的现实背景，而且有着深远的历史渊源。相比于前资本主义的专制体制，资本主义民主代表着一种深刻的历史进步。对于资本主义的民主形式和民主成果，不能仅从上往下把它看成统治阶级的有效统治工具，还应当从下往上看，"没有任何疑问，统治和剥削与资本主义民主制紧密相

---

〔1〕 张亮、熊婴编：《伦理、文化与社会主义：英国新左派早期思想读本》，江苏人民出版社 2013 年版，第 201 页。

〔2〕 [英] 拉尔夫·密里本德：《资本主义社会的国家》，沈汉、陈祖洲、蔡玲译，商务印书馆 1997 年版，第 9 页。

连，至少在发达资本主义国家里确实如此。但它仍旧是来自下层的、旨在扩大政治、公民、社会权利的要求以及来自上层的、力图限制与腐蚀这些权利的激烈斗争的结果。"〔1〕"不管公民自由是多么不充分和多么不可靠，它们是资产阶级民主制度的一个组成部分，是数百年来人民坚持不懈斗争的产物。"〔2〕

　　资本主义民主制首先是斗争的结果和反映。密里本德指出，政治，从一定意义上讲，本身就是指一种斗争，而政治研究，尤其是马克思主义政治理论研究，就是要指出这种斗争的性质和方向。资本主义民主，首先就是政治斗争的成果和反应。这种政治斗争，从主体上而言，在阶级社会中，既包括自上而下的斗争，也包括自下而上的斗争，尤其是后者，对于通过斗争和努力获得的民主果实，被统治阶级应当珍惜、保卫和享受，而不应当把它全盘否定，因为全盘否定资本主义民主，其实也就是否定了下层民众的斗争及其意义和价值。在历史的不同时期，斗争的具体主体是不同的，即便是在发达资本主义国家的不同历史发展时期，在同一时期不同的资本主义国家，具体的政治斗争主体都是极不相同的。但是，这并不妨碍民主发展的历史轨迹和前进的方向，不管历史上和现实中，有多少人对民主不屑一顾、嗤之以鼻，甚至企图通过各种方式来阻止它、扼杀它，但是民主最终成为一股不可阻挡的历史潮流，用托克维尔（Tocqueville）在《论美国的民主》中的话说，那就是"一场伟大的民主革命正在我们中间进行。谁都看到了它，但看法却不相同。一些人认为，它是一种新现象，出于偶然，尚有望

〔1〕　Ralph Miliban，"Fukuyama and the Socialist Alternative"，*New Left Rewview*，3（1992），p. 110.
　　〔2〕　［英］拉尔夫·密利本德：《马克思主义与政治学》，黄子都译，商务印书馆1984年版，第201页。

遏止；而一些人断定，这是一场不可抗拒的革命，因为他们觉得这是历史上已知的最经常的、最古老的和最持久的现象。"[1]

毋庸置疑的是，这种政治斗争从性质上讲，首先是一种阶级斗争，无论是世界上的哪个国家，或者是一个国家的不同时期，其斗争的最基本性质就是阶级斗争。正如马克思所说，在奴隶社会，主要是奴隶和奴隶主之间的斗争；在封建社会，主要是封建主和农奴之间的斗争；在资本主义社会，则主要是无产阶级和资产阶级之间的斗争。同时，这种阶级斗争呈现出比较复杂的关系和态势，因为斗争不仅发生在统治阶级和被统治阶级之间，而且还发生在统治阶级内部和被统治阶级内部。

同时，民主斗争还体现为一种阶级力量的对比关系。在历史上，阶级之间的斗争总是反映了一定阶级之间的力量对比、妥协和平衡。因此，这种斗争并不总是具有"你死我活"的性质和特点。因为，在历史上，无论是统治阶级，还是被统治阶级，抑或是同一阶级内部的不同政治派别，其斗争的目的都是为了争取更多的权利，获得更多的利益。正是在以阶级为中心的斗争的过程中，各项民主制度不断进步和完善。在法国政治历史中，当年的法国"国王为了贬抑贵族而让国内的下层阶级参加了政府。""在法国，国王们总是以最积极和最彻底的平等主义者自诩。当他们野心勃勃和力量强大的时候，极力将民众提高到贵族的水平；当他们是庸碌无能之辈的时候，竟容许民众上升到比他们自己还高的地位。有些国王依靠他们的才能帮助了民主，而另一些国王则因为他们的无道而帮助了民主。"[2]

---

〔1〕［法］托克维尔：《论美国的民主》（上），董果良译，商务印书馆2013年版，第4~5页。

〔2〕［法］托克维尔：《论美国的民主》（上），董果良译，商务印书馆2013年版，第6页。

事实上，资本主义民主，从制度上讲，目前还是比较完备的。普选制、代议制、两党制，以及各种各样的自由和权利，充分保障了在发达资本主义社会中，国家权力和公民权利的有效界限，"资本主义民主制具有实行普选权和政治竞争以及工人阶级能够施加各种压力的特征"。[1]因此，在很大程度上讲，发达资本主义国家都是所谓的"民主国家"。对此，密里本德提醒说，资本主义民主的现实成果也并非是一蹴而就的事情，它也经历了漫长的发展和改革过程。他分析道，在英国1867年，尤其是1918年和1928年几次的选举法改革以前，英国能够享有选举权的人口是十分有限的，完全不能满足资本主义经济、政治、社会发展的需要。因为无论从当时的选举制度设计，还是从实际享有选举权的主体现实以及选举的客观运作来看，都远远不能满足新兴的工业资产阶级的需要，政治制度显示出其对经济制度的阻碍作用。但是，当初，英国的统治阶级适度地调整选举制度，目的并非为了保障民主，一定意义上讲，它主要是为了继续维护统治阶级的利益，体现了一种自上而下的阶级斗争。埃德蒙·伯克在《法国革命感想录》中指出："英国宪政'不是一天仓促的产物，而是明智的推迟臻于成熟的果实'"，英国先辈"从不把它和它的根本原则分离开来，也不把这个国王的法律、宪法和惯例中没有存在根基的丝毫修改引进来。"[2]

从现实的视角看，在资本主义民主制下，包括工人阶级在内的广大民众的基本权利受到法律保障，尤其是政治权利，得到不断地扩大和发展。在普选权的保护下，广大下层人民的利

---

〔1〕 ［英］拉尔夫·密利本德:《英国资本主义民主制》，博铨、向东译，商务印书馆1988年版，第46页.

〔2〕 陈志瑞、石斌编:《埃德蒙·伯克读本》，中央编译出版社2006年版，第255页。

益诉求不再无足轻重，各种政客们为了能够通过竞选胜利，得到上台执掌政权的机会，极力讨好手中握有选票的选民；在这些选民中，工人阶级占有重要的比重。另外，工人阶级的经济利益也得以保障，在工作条件、工资、工时等方面不断改善。总之，资本主义民主体制是真实的、能够为被统治阶级带来利益的制度安排。资本主义民主，如果用马克思主义的视角或者是社会主义的视角来看，它当然是极不完善的，不仅如此，它还在很多方面暴露了其伪善的一面。但另一方面，作为一种政治体制和政治权利，资本主义民主相比于其之前的各种政治组织和运行形式，它毕竟具有划时代的进步意义。因为无论从其理论根据、还是从其现实的实践来看，资本主义民主毕竟在很多方面给予了下层群众广泛的权利和自由。从自由的角度来看，人身自由、思想自由、言论自由、出版自由等都是其政治上鲜明的特色，有着明显的历史优势；从法律的角度来看，在资本主义民主体制下，法治逐渐成为其国家治理和社会治理的主要方式，法治理念深入人心；从权利的角度看，资本主义国家的个人和组织享有相当广泛的权利和自由，并随着选举制度的改革，选举权的范围逐步扩大，权利的保障性更加有力、真实、全面。

因此，资本主义民主作为来自下层的人民群众通过不断斗争取得的胜利果实，体现了民主的意愿和需求，不能轻易否定和放弃，也不应当把它全面推翻，然后重建一套没有任何历史传统的理想民主模式。

（二）资本主义民主的历史局限性

在此基础上，就会自然而然地涉及第二个问题，那就是既然资本主义已经在现实中实现了广泛的民主，而且在一定程度上还是真实的民主，那为什么还要批判它、超越它、替代它呢？

这就回归到马克思主义对资本主义批判的传统主题上了。诚然，从一定意义上讲，资本主义民主，尤其是资本主义政治民主是广泛的、普遍的、真实的，但是依然存在着根本的不足和缺憾，主要体现在如下几个方面：

第一方面，在资本主义社会中，其政治上的民主与经济上的民主并非同步发展，其在政治上实现了普选制、代议制、多党制等具体的民主制度，在一定程度上实现了政治权利的平等，选民的权利和利益受到关注，竞争性民主政治充分发展。但工人阶级经济上的权利却无法保障，广大的挣工资者在资本主义经济过程中几乎没有什么决定性的权力。"在两个方面，劳动过程仍然是居支配地位的主体，发达资本主义的产业大军，不管其雇主是谁，都持续地在组织内部起作用，他们对于其权力机构的存在没有起任何作用，他们对于其政策和意图的决定也没有作出任何贡献。"[1]这导致工人的经济利益受到损害，尤其是在经济不景气或者经济危机的年代，首当其冲的受害者就是工人阶级。工人阶级与资本家阶级相比，在经济领域中处于劣势地位，比如在工资谈判中，工人为了避免失业，或者在资本主义国家偏袒性的干预下，工人阶级经常会忍气吞声，被迫接受对自己十分不利的工资和工作条件，否则就会面临被解雇的危险或者被指责为"不顾国家利益、自私自利的人"。在资本主义国家，虽然法律上工人享有广泛的权利，但事实上这些权利经常会受到限制，尤其是罢工权，更是如此。

第二方面，即便是政治上的民主和自由，也并非是真正的、受到充分保障的权利。密里本德观察到："拥有财产的人总是厌

---

〔1〕　[英] 拉尔夫·密里本德：《资本主义社会的国家》，沈汉、陈祖洲、蔡玲译，商务印书馆 1997 年版，第 43 页。

恶民主"。[1]因此，选择民主制度，而不是专制制度或者其他类型的独裁制度，从资本主义民主发展的历史来看，完全是一种无奈之举，"'资本主义民主制'这一提法，也往往用来表示像在英国这样一个资本主义社会中经常存在无法消除的矛盾现象或紧张关系，一方面保证民众享有体现在奉为神圣的普选权中的权利，另一方面又横加阻挠，拒不实行那种诺言。"[2]"经验一再表明，资本主义能够产生包括极端的独裁主义在内的许多不同类型的政治制度形式。……关于资本主义同专制主义难以两立，或者说它提供了反对独裁主义的保证的说法，也许是很好的宣传，但它在政治社会学上是拙劣的。"[3]密里本德在《英国资本主义民主制》中，就对英国的民主发展进行了回顾，他认为，英国资本主义政治民主制的发展，很大程度上是统治阶级压制下层压力和反抗的有效工具。通过资本主义政治民主制度的精心设计和运行，把对资本主义有所不满并试图反抗的各种"反对派"吸纳进资本主义体系当中。这样，资本主义民主政治制度就和资本主义制度融为一体了。

　　第三方面，资本主义民主并非真实的民主，具有虚假性和欺骗性。在资本主义普选制的背景下，其实还有大量的政治职位并非通过选举产生具体的人选，而是通过普遍存在的委任制得以进行。在资本主义政党政治中，工人阶级政党在经济来源上，远不能与资产阶级政党相比。另外，在资本主义的整体背景下，不仅是经济方面存在着不平等，就是在其他的诸多领域

---

〔1〕 张亮、熊婴编：《伦理、文化与社会主义：英国新左派早期思想读本》，江苏人民出版社 2013 年版，第 191 页。

〔2〕 ［英］拉尔夫·密利本德：《英国资本主义民主制》，博铨、向东译，商务印书馆 1988 年版，第 2 页。

〔3〕 ［英］拉尔夫·密里本德：《资本主义社会的国家》，沈汉、陈祖洲、蔡玲译，商务印书馆 1997 年版，第 26 页。

也存在大量的不平等现象，比如教育、就业机会、社会流动等方面，不平等现象比比皆是。因此，在资本主义社会，所谓的自由竞争只不过是一种虚假的表象，在资本主义自由、平等、民主的表象下，是统治阶级对权力和机会的垄断，是平等表象遮蔽下的真实的不平等，"总之，有这样一些国家，尽管一切宣传都说那里是平等的，那里的人民依旧存在着人数相对来说很小的一个阶级，他们以这种或那种形式拥有大宗财产，他们的大宗收入通常全部或部分是从他们所有的或控制的财产中得到的。"[1]

第四方面，从资本主义民主的发展前景来看，在资本主义社会多重矛盾和危机的挤压下，资本主义引以为傲的自由民主制将受到多方面的限制，虽然其表面上依旧承认公民的权利，依旧维持着自由民主的形式，但对公民权利和自由的限制却不断增加，各种监控形式不断地被采用，"它现在拥有高度广泛的内部间谍系统；它公开信件，窃听电话，否认护照，查抄'颠覆性的'文学，以怀疑过去、现在和将来的'不忠诚'的原因解雇它的雇员；除此之外还有许多其他手段。"[2]这样，资本主义民主将会走向它的反面，从而完全暴露它的专制本性和阶级本质，"自由主义与直接的独裁主义之间不再有一种质的断裂"，自由民主与专制之间"纯粹就是一个程度的问题"[3]了。

第五方面，资本主义民主无法根治资本主义的根本弊端和困境，"政治体系的改变和民主的出现改变不了社会秩序"，改

---

〔1〕　[英] 拉尔夫·密里本德：《资本主义社会的国家》，沈汉、陈祖洲、蔡玲译，商务印书馆 1997 年版，第 30 页。

〔2〕　张亮、熊婴编：《伦理、文化与社会主义：英国新左派早期思想读本》，江苏人民出版社 2013 年版，第 204 页。

〔3〕　张亮、熊婴编：《伦理、文化与社会主义：英国新左派早期思想读本》，江苏人民出版社 2013 年版，第 204 页。

变不了资本主义体制的"病变"以及由此带来的对生命、人类、环境等方面的整体威胁。因为资本主义从本性上而言，是功利的、异化的，具有破坏性和反道德性的特征，这完全植根于资本主义私有制基础之上，资本主义私有制是资本主义的基本特征，也是资本主义自由主义的基本特征和根本内涵，而这是资本主义民主和资本主义本身所无法克服的。"从人的本性来讲，资本主义社会是极其不道德的社会，迄今为止，它本质上具有统治和剥削的特点，这决定性地影响着人际关系。这一观点是早期社会主义的重要组成部分，现在它迫切需要重申。"[1]

因此，资本主义民主，本身就是资本主义社会各种矛盾，尤其是阶级矛盾突出的集中体现，是资本主义种种紧张状态所释放出来的一种张力关系，"我认为资本主义民主本身就是一种矛盾的存在；这种矛盾的一个结果就是它是被当成维护现存社会秩序的一种被操纵的、欺骗的交往方式。"[2]

可以看出，密里本德对资本主义民主的分析和批判，基本上遵循了经典马克思主义的视角、方式和路线。作为一名信奉马克思主义的英国马克思主义政治学家，批判资本主义并非其根本的宗旨，他的终极目的是实现理想社会模式的建构。对于资本主义民主的超越问题，密里本德设想通过社会主义民主制的构建，实现对资本主义民主的整体替代。

二、资本主义民主的特征、功能和本质

在密里本德一生的理论研究中，对资本主义民主的研究占

---

〔1〕 Ralph Miliband, "The Plausibility of Socialism", *New Left Review*, 206 (1994), p.13.

〔2〕 Ralph Miliband, *Socialism for a Sceptical Age*, Cambridge: Polity Press, 1994, p.34.

了很大的比重。不过，密里本德眼中的资本主义民主，往往具
有多重的含义。在很多时候，他所指称的资本主义民主就是资
本主义政治制度的同义词。因此，如果按照当前人们对民主的
理解，民主在不同的领域中，具有多重向度，比如政治民主、
经济民主、社会民主，等等。但是，密里本德对资本主义民主
的分析，主要是对资本主义政治民主制度的分析。在密里本德
的著作中，除了零散的资本主义民主的论述以外，最为集中的
研究当属其关于英国资本主义民主制的研究了。在这本书里，
密里本德试图运用马克思主义的视角和方法对英国 1832 年选举
制度改革以来，普选权逐步普及到英国所有的成年人以来，英
国政治制度出现的新情况、新变化，并企图从阶级统治的角度
去理解这种现象和变化，指出英国资本主义政治民主制度的进
展和完善的阶级和利益制约性，在一定程度上，指出了英国资
本主义民主制的本质和发展方向。虽然《英国资本主义民主制》
这本著作，主要是以英国为主要研究对象，但是由于发达资本
主义国家在政治制度等诸多方面的相似性，因此其对英国政治
制度的分析，也同样适用于其他资本主义国家，更何况，在其
中本身就有许多关于资本主义民主的一般性的结论。

（一）资本主义民主的特征

密里本德作为一名"独立的社会主义知识分子"，始终以社
会主义作为自己最终的理想追求[1]，可以说，他的学术研究、
教学演讲以及社会活动都以社会主义以及与社会主义有关的问
题与实践为核心，在密里本德的理论逻辑中，始终在发现资本
主义的不合理性，以及追求和实现社会主义的正当性。但这个
理论路线却首先提出了另外一个与此相关的问题，那就是既然

---

[1] Michael Newman, *Ralph Miliband and the Politics of the New Left*, London: the Merlin Press Ltd., 2002, p.323.

从空想社会主义者开始，人们就已经发现并且开始批判资本主义的不道义性、弊端与罪恶，那资本主义为什么能够在此后的几百年间里，不但没有像当年马克思、恩格斯和列宁等所预测的那样，贫富差距日益明显，工人阶级更加贫困，矛盾逐渐激化，从而走向消亡，反而是随着技术的不断进步，社会生产力进一步发展，工人阶级生活得到改善，社会矛盾尤其是阶级矛盾得到缓和，甚至是阶级界限和阶级区分不再那么泾渭分明，而是变得更加模糊不清。造成这种现象的原因在哪里呢？密里本德试图从资本主义民主的特征对这种现象进行解读。

首先，资本主义民主有着日益完善的民主制度，尤其是其政治民主制度的发展日益完备。在密里本德看来，自自由竞争资本主义阶段以来，由于马克思主义的启发，列宁主义的鼓动，下层民众的革命热情相当高涨，其中有相当一部分革命要求是以推翻资本主义制度、建立社会主义制度为根本目标的。再加上19世纪末20世纪初，一直到20世纪30年代，发生在资本主义世界的两次经济危机，使得阶级矛盾更加白热化，在这种情况下，以阶级斗争为核心的社会斗争此起彼伏。在这种情况下，资本主义国家不得不调整国家的具体制度，其中，民主制度的不断完善，民主主体的不断扩展，范围的逐步扩大，从传统上仅限于生产场所的权利主张扩展到政治民主权利的争取，从政治权利又扩展到文化领域和社会领域，直至现在，我们可以观察到，民主已经是一种普遍的理念和价值，同时也是最基本的价值正当性的判断标准。尤其是西方一些发达资本主义国家，可以说，形式上广泛的民主形式已是其最主要的特征和特质。

其次，资本主义国家的民主制总是与自由和法治联系在一起，尤其重视通过法律的形式来保障公民的民主和自由。即

"以法律（宪法）保证全体公民直接参加国家的管理，保证全体公民享有自由集会、自由讨论自己的事情和通过各种团体与报纸影响国家事务的权利"。[1]在这里，列宁所说的是无产阶级民主和社会主义民主的一些特征和方式，但是也体现出了其对资本主义民主形式的借鉴性。也就是说，在资本主义民主形式下，资本主义民主总是与一定的法治形式相联系的，最明显的是，任何公民的民主和自由，总是通过宪法和法律的形式表达出来，并注重在现实中的落实和监督。为什么在资本主义社会中，法治能够成为与民主紧密相连的治国形式，这与法律本身的特点紧密相关的。因为从社会控制论的观点来看，从资产阶级革命以来，法律作为一种重要的社会控制手段，取得了相对于其他社会控制手段，比如宗教手段和道德手段，取得了社会控制和社会治理的优先性。也就是说，实现社会控制，人们首先想到的手段应当是法律。法律作为优先适用的社会控制手段，具有充分的正当性和合理性，这是由法律所具有的独特特点所决定的。其一，从当今世界范围而言，法治已经成为时代潮流和趋向，人类经过几千年的思考和实践，最终选择了法律作为人类行为和社会秩序的基本治理方式和手段。政治，从根本上讲，也是人类的行为选择和行为安排，政治关系从根本上说，反映了人与人之间的关系。尤其随着现代经济和商业运作的不断发展，政治的这一本性将更为显著，它具有了更多的社会意义。因此，法律控制，就是控制有关的人的行为；法律实现社会控制，正是通过控制人的行为达到预定的目标和效果，实现一定的目的。从这个角度而言，法律和政治具有高度的契合性。其二，法律相较于其他手段，具有确定性和可预测性。法律作为

---

〔1〕《列宁全集》（第2卷），人民出版社1984年版，第90页。

国家制定或认可的人类行为规则，往往是通过预先颁布的法律条文来规定的。这些法律条文具有公开性、明确性、易理解性的特点。人们在做出某一行为之前，根据明确的法律条文，就可以对自己的行为进行预测和预判，从而在法律允许的前提下，做出合法的行为选择。法律具有的这个特点，是社会控制的其他方式所欠缺的。以道德为例，它的标准具有多元性的特点，不同的主体经常具有不同的道德立场，这也让行为的道德规制具有多种可能性。即使行为主体都宣称自己是在遵守道德的前提下进行的行为选择，也有可能因为道德的多元性从而增加行为的多元性和不可预测性。其三，法律的强制性保证了相关行为的强制选择和方向。现代法律，在制定之初，就经过了严密的、科学的论证程序和广泛参与的民主程序。同时，法律的执行和适用，都是以国家强制力为后盾的。尤其是法律的禁止性和义务性条款，相关法律当事人的自主选择性很小，这就保证了法律规定和法律内容的有效实现。但是无论是宗教教义还是道德要求（少数宗教国家除外；事实上，在宗教国家，宗教教义和国家法律往往合二为一，宗教教义也就是国家法律），基本是靠相关主体的内心信仰和行为坚守，依靠主体的自觉和自律，一旦违反要求，也只不过是舆论谴责。这就难以保证宗教教义和道德要求的完全实现。最后，法律调整的对象是人们的行为，而其他手段调整的则主要是人们的内心和思想。行为具有可观察性和具体的指向性，易于对其进行控制把握和可操作。而思想和内心却难以观察，从而也难于控制和协调。总之，现代法律经过历史长期的进化和发展，相较于其他的社会控制手段，更多地体现了人类理性的选择和表达，"关于'是怎样'的各种理论，对'应当是怎样'的各种观念具有显著的影响。人们倾向于做他们认为他们现在正在做着的事情。"[1]而人类的实践和理性也进一步证明了民主绝对不是价值无涉的人类行为，在进行与民主、自由有关的任何行动之前，首先必须追问其价值、目的和社会意义。其次再对其进行有目的、有选择的控制和引导。当然，这种控制和引导行为必须是以法律为核心的包括其他调控手段的综合体系。同时，在资本主义社会，现代法律理念在商业文明的推动下，更多地具有了平等、自由和协商的特点，尤其是法律严格的程序性规定，保障了这种协商的民主基础，也为其统治提供了合法性基础。

再次，资本主义民主制具有伸缩性和灵活性的特点。密里本德指出，西方一些左派人士、社会主义者以及其他对资本主义制度持不满甚至反对观点的人士，很多时候往往不加分析地认为，资本主义民主制是虚伪的、虚假的民主，因此它的命运是不长久的，终究会被以无产阶级为主的社会革命所推翻，并最终被更高形式的社会主义民主所取代。但是历史事实证明，资本主义民主并没有随着社会的发展和进步，逐渐失去其吸引力和生命力，反倒在不断改进与改良中，日益显示出生命力和适应力。在历次的资产阶级国家政府的民主选举中，资产阶级政党吸引了大量的工人阶级选民投赞成票。在历史上，各个资本主义国家的政府虽然经常会遇到各种各样的压力，但是总能被其通过各种民主机制成功化解，不致造成严重的政权危机。造成这一状况和结果的原因是多方面的，但是这也证明了资本主义民主的包容性和吸引力。为什么会这样呢？密里本德总结道："资本主义民主制最显著的特点之一，正在于它有一定的恢复力及其政治体制承受危机、冲突和混乱的巨大能力。"并提醒

---

〔1〕〔美〕罗斯科·庞德：《通过法律的社会控制》，沈宗灵译，楼邦彦校，商务印书馆 2010 年版，第 15 页。

人们注意这样一种事实："自 1945 年以来，这类政府极少遇到过压力强大足以爆发一场政治危机的情况。"[1]

最后，资本主义民主具有虚假性和虚伪性的特点。密里本德虽然承认资本主义民主制度在形式上的完备性，并且认为其有很强烈的适应性。但是另一方面，正如前文所述，他也认为资本主义民主制的现实发展程度取决于下层群众的斗争意识和斗争程度。因此，事实上，资本主义民主的深度和广度绝对不是资产阶级主动给予的东西，而是斗争的结果。相反，无论从历史上还是从现实中看，"拥有财产的人总是厌恶民主。罗伯特·欧文（Robert Owen）在很久以前恰如其分地称之为生活奢华和无忧无虑的人总是惧怕民众参与政治。"[2]密里本德在集中分析英国资本主义民主制的发展时得出结论，在资产阶级夺取政权以后，统治阶级对无产阶级民主要求和革命总是心怀恐惧，极力通过各种方式对它进行攻击和打压。密里本德把英国的劳工运动与英国民主政治体制的关系分为五个阶段：第一个阶段是从 18 世纪末到 1867 年第二次改革法案时期；第二个阶段是从 1867 年到 1900 年劳工代表委员会成立；第三个阶段是 1900 年到 1945 年组成第一届多数派工党政府；第四阶段是 1945 年到 70 年代中期；第五个阶段是从 20 世纪 70 年代后期直到现在。在第一个阶段，工人阶级在一定程度上都被排斥在政治民主进程之外，虽然统治阶级在这个阶段也注意到了无产阶级的存在和强大威胁，但是从整体上来讲，工人阶级只能以组织工会、合作社等方式来争取民主和权利，而其最著名的斗争运动就是英

---

〔1〕 ［英］拉尔夫·密利本德：《英国资本主义民主制》，博铨、向东译，商务印书馆 1988 年版，第 173 页。

〔2〕 张亮、熊婴编：《伦理、文化与社会主义：英国新左派早期思想读本》，江苏人民出版社 2013 年版，第 191 页。

国的宪章运动。当时英国的宪章运动提出的口号就是："宪章，尽可能和平争取，必要时诉诸武力。"宪章运动就是工人阶级历史上典型的群众性运动，其目的是尽可能以和平的手段为工人阶级争取更多的政治权利和经济权利，尤其是政治性权利。而对于 1867 年的选举法改革，密里本德认为，那是因为统治阶级发现再也找不到借口把工人阶级悉数排除在整治活动的过程之外了。因此，选举改革，与其说是统治阶级的主动所为，还不如说是工人阶级斗争和施加压力的结果。而且，当有产阶级和职业阶级如果当初能够发现 1867 年改革，居然产生了那么大的威胁时，可能会做其他的选择。对此，密里本德十分赞同莫里斯（Morris）的说法："不论是自由党领导人还是保守党领导人，都没有料到 1867 年的法令会建立一种民主体制，要是他们想到会有这样的结果，他们本来也不会给予支持的。"[1]

（二）资本主义民主的功能

对于资本主义民主，在西方主流的资产阶级政治思想中，一般都是持正面的、褒扬的态度。比如，有人认为，资本主义民主制最基本的特点就是平等和多元。多元民主论是于 20 世纪 50 年代兴起于美国的一种民主理论，其代表性人物是美国的政治学家罗伯特·A. 达尔（Robot A. Dahl）。达尔有两本代表性的著作，分别是 1956 年出版的《民主理论的前言》，以及 1961 年的《谁统治：一个美国城市中的民主与权力》。在前一本著作中，达尔认为，近代民主政治史上，实际上存在着两种基本的民主模式，一种是麦迪逊式民主，另外一种是平民主义民主。前者强调严格的三权分立，但是达尔认为其具有限制多数之嫌疑，其本质上是一种精英民主制；后者所主张的平民主义民主

---

〔1〕　转引自［英］拉尔夫·密利本德：《英国资本主义民主制》，博铨、向东译，商务印书馆 1988 年版，第 31 页。

模式，虽然从规范、具体的意义上来阐释民主，但是其在实践上往往不太明确，不便于操作。达尔分析了现代民主，认为现代民主从性质上讲主要是一种多元式民主。因为现实的公民社会，存在着各种具有不同形式、不同性质的社会团体和组织，这些团体和组织具有多元、独立、自主的特点，它们使得统治资源处于分散状态，从而使得统治者自上而下的垂直统治变得困难，增加了统治成本。与此同时，一些分散的、独立的、力量相对弱势的社会团体和组织可以把他们的资源结合起来，进一步加大了统治资本，这在很大程度上推进了政治的自主性程度和进程。根据这个推理，他对精英民主理论进行了修正，认为在当今结社自由的保证下，现代民主事实上是多重少数人的统治。在达尔的后一本著作中，他对耶鲁大学所在地——美国的纽黑文市进行了实地性、实证性的考察，分析了它的具体权力结构和关系，观察了当地各种势力对纽黑文市的政治任命、城市建设、公共教育、社会福利等方面的政策的影响程度，得出结论：当地的势力集团或势力人物只是对纽黑文市的某一方面决策产生影响，并不能对其所有事物都产生影响。所以，在纽黑文市，并不存在一个绝对的权力集团或权力人物，它的权力相对而言是分散的、多元的。而纽黑文市的民主权力结构可以说是美国民主的一个缩影。因此，在美国，甚至是全体资本主义国家，其民主本质上是一种多元主义民主。多元主义民主论，后来传播到其他资本主义国家，成为资本主义政治学关于民主理论的代表性观点。

对于多元主义民主论，密里本德认为，在客观上，它的实证主义分析方法使得其分析十分精巧，得出的结论看上去也极为科学，因为它"至少是以对资本主义社会的一个准确观察为基础的，也就是说，它看到了资本主义社会允许甚至公开而自由地组织大量的团体和社团，为实现其成员所希望的目标而奋斗，否则，这种理论在发达的资本主义社会中不可能如此盛行。"[1]但是，这种观点在本质上是完全错误的。因为，诸如多元民主论的观点，并没有深入到资本主义民主的本质进行分析，即便是现象的实证分析，都是极为表面和肤浅的。唯有运用马克思主义的观点和方法，才能透过现象看本质，获得关于资本主义民主的真知。

对于资本主义民主制的功能，密里本德认为存在着一种递进的关系，同时，这些功能之间又是环环相扣、紧密联系的关系，甚至是你中有我、我中有你的关系。首先，资本主义民主，起着一种壁垒或者堡垒的作用，正是这些民主壁垒，把以无产阶级为核心的下层民众排除在真正的民主之外。在《英国资本主义民主制》这本著作里，密里本德以英国为具体的研究对象，对英国的资本主义民主制的功能和本质进行了抽丝剥茧的分析。

人们一般认为，英国是民主宪政的发源地，英国因而也有"宪政之母国"之称。英国具有历史悠久的民主传统，英国民主经过长期的演变和发展，在包括政治、经济、社会等诸多方面和领域都取得了丰硕的成果。总的来说，从政治民主角度来讲，英国可以说是一个资本主义民主相当先进、发达的国家，许多英国人对此深为自豪，在很多方面英国民主亦成为世界民主潮流的"风向标"和民主落后国家的模仿、学习对象。但是，英国民主真的是所谓的"全民民主""多元民主"，从而也是民主发展的完美形式、理想状态吗？在这个问题上，拉尔夫·密里本德给了我们另外一种独特的、马克思主义的视角和解读。虽然，英国的资本主义政治制度极具有英国的个性特征，因此对

---

〔1〕　[英]拉尔夫·密里本德:《资本主义社会的国家》，沈汉、陈祖洲、蔡玲译，商务印书馆1997年版，第150页。

它的分析，很难说就代表了整个发达资本主义的整体性功能和本质，但是英国作为世界上最早进行资产阶级革命、实现资本主义民主的发达资本主义国家，对其的具体分析，也可以在一定程度上实现对发达资本主义民主制度的整体揭示，因为密里本德多次强调，虽然不同的发达资本主义国家，有其具体的、特殊的历史和现实条件，但是它们却在根本的制度和权力关系上，呈现出越来越一致的特征和共性，这种共性如此之大，以至于对它们进行整体的研究不仅是必要的，也是可行的；同时，反过来讲，正是基于这种一致性的特点，通过具体的国别研究，窥探发达资本主义世界整体的共性和特征，也是可行的、合理的、必要的。

密里本德首先表明，他所讲的英国资本主义民主制，并不是指英国所有的民主政治体制，他主要指的是英国自《1867年第二次改革法案》以来，尤其是经过了1918年和1928年两次的选举法改革，英国普选权的范围逐步包括了英国绝大部分的成年公民以后逐渐形成的政治体制，这种政治体制包含了普选制、代议制、两党制等基本的民主政治制度，但不限于此。从表面上看，随着英国选举制度的改革，普选权范围的逐步扩大，意味着经过英国各附属阶层的斗争、争取，在英国享有政治民主权利的范围不断扩大，人数增多，英国民主制度也更加完善。但是，密里本德却认为，英国政治民主制度的完善，并不意味着统治阶级真诚地让渡政治权力，也不意味着统治阶级的民主意识在真正地增强。恰恰相反，它是英国统治阶级为了继续维持其在国家和社会各个领域的特权所不得不付出的代价。在英国工业革命之后的初期，英国当时的统治阶级面对几次的社会革命高潮，感到十分恐惧。尤其在俄国革命胜利和共产主义思想广泛传播的年代，统治阶级的这种恐惧情绪就更为强烈。从此，遏制阶级冲突成为英国统治阶级的主要任务之一。当然，他们认为，不到万不得已，这种遏制就要尽量避免采取暴力手段。于是，民主就成为遏制冲突、减少来自下层压力和民主要求的主要手段。在早期，统治阶级对民主深恶痛绝，但是慢慢地情况有了变化，"民主"逐渐成为统治阶级口头上时髦的字眼。统治阶级逐渐认识到，普选制、代议制机构、工会和劳工政党这些掌握在工人阶级手中的民主武器，能够在遏制下层的民主压力和减少阶级冲突方面发挥更大的作用，也能够更好地维护英国统治阶级在英国社会各方面所享有的权力和特权，这种权力和特权一般都是在英国社会保持基本稳定的情况下享有的，而且这种稳定的权力状态还获得了附属阶层的同意。密里本德认为，在 19 世纪末以来，英国的国力在不断衰落，英国再也不能像工业革命初期那样维持自己"日不落帝国"的荣耀了，国家生存问题也不像过去那样无忧无虑了，但是这并不代表英国的政治制度没有它的成功之处。与世界上其他的发达资本主义国家相比，英国统治阶级的成功之处就在于有力地遏制了阶级冲突，使英国始终处于一个相对稳定、阶级矛盾较为缓和的过程中，也能够使得英国的保守主义思想和势力，不断地转换形式，但同时又根深蒂固、枝繁叶茂。密里本德认为，英国悠久的保守思想、各种各样的保守势力，英国的政治体制通过各种有意、无意的方式，构筑了阻碍附属阶级真正享有民主、拥有权力的层层壁垒，使得"要求改革和革新的急湍自上而下便自然成为涓涓细流"[1]，从而使英国的附属阶层表面上享有很大的民主和自由，但实际上在国家和社会事务中却拥有极少的权力，甚至毫无权力而言。

---

〔1〕〔英〕拉尔夫·密利本德：《英国资本主义民主制》，博铨、向东译，商务印书馆 1988 年版，第 5 页。

密里本德运用历史主义和经验实证主义的方法，充分论证了自英国 1867 年扩大普选权以来，英国的民主政体是如何通过种种巧妙的安排和设计，成功地在形式民主的背景下，通过构筑层层壁垒，遏制和消解了来自英国下层阶级和群众的压力，从而保证了英国资本主义社会一百多年的社会秩序稳定和资本主义的充分发展。密里本德认为，在英国，国家和社会中的统治阶级想要实现这一目的，就要有意、无意地构筑多重壁垒，通过各种手段，阻止最终有损于资本核心利益和价值的民主诉求和努力。这些诉求和努力，包括多方面的内容和内容的许多方面，但是诸如谋求较为激进的社会变革、左派积极分子的"捣乱"和共产主义的威胁，始终是这些问题的中心，也是统治阶级的敏感神经和接受底线。这些方面的民主诉求和民主行动，以及其他统治阶级认为损害其核心利益的民主要求，都会被统治阶级想方设法拒之门外。为了达到这个目的，统治阶级构筑了各种有形的、无形的壁垒。这些壁垒总结起来主要有三种形式，分述如下。

第一，民主制度壁垒。利用"代表民意"的法律制度来阻止民意，向来是统治阶级喜欢玩弄的手段。密里本德认为，英国的议会制度在英国的政治体制中格外重要，它的重要性不在于它与其他国家机关相比拥有多少实际权力，而在于其"一切在于选举的原则"，从而证明了英国政府产生和存在的合法性，从而有效阻止了从属阶级对政府和政府行动的质疑和非议。另外，密里本德指出即便是英国的具体选举制度的设计和规定，也是排斥民主的有效工具。在具体的分析中，密里本德举出了一个具体的实例来证明这一点，那就是英国议会选举中的"胜者独占制"，也就是英国选举制度中的"单选区简单多数代表制"，这种选举制度让每个选区里得票较多的那个候选人当选唯一代表，哪怕其他候选人仅比其少一张选票，也不能当选，这就导致选出的代表并不能真正地代表民意、反映民意。在这种情况下，经常会出现在议会拥有较多席位的政党反倒是获得票数较少的政党，因而议会未必是多数选民的代表，这样就使代议制失去了一定的民意基础，不具有广泛的代表性，因而也就成为统治阶级愚弄下层民众的工具。因此在英国，这种选举技术和选举制度本身是不公平的，它并不是实现民主的最佳形式。密里本德的这种分析，并非带有明显偏见的粗暴推断，其他学者也有类似的看法和理解。20世纪上半叶日本政治学教授森口繁治就曾经深入探讨了这种选举制度存在的问题。"此选举的最显著的特征，在于以很少数的选举人选出绝对多数的议员，这种现象是和民主的代议政治的精神相矛盾的"。[1]密里本德指出，在英国，相关的权力阶层并非没有注意到这一缺陷和不足，与其说他们没有关注，还不如说他们不愿意、故意不关注这个问题，这是因为只有这样，相关的既得利益者就可以继续通过这种方式来操纵选举，以获得尽可能多的议席，排除异己，从而实现自己的目的，"尽管要求改革的呼声甚嚣尘上，这种选举制度却依然未变，因为两大政党已经从中得到了很大的好处。"[2]英国政治具有浓厚的"议会主义"传统，在英国，各种政治势力和政治派别都对议会制度抱有强烈的迷信主义色彩，认为英国的问题，都可以通过议会和协商来解决，因此，在英国根本不需要什么激进的纲领、要求和行动，更别说是严重影响社会秩序的暴力革命了。英人对英国议会制度功能的自信，通过相关学

---

〔1〕［日］森口繁治：《选举制度论》，刘光华译，中国政法大学出版社2005年版，第201页。

〔2〕［英］拉尔夫·密利本德：《英国资本主义民主制》，博铨、向东译，商务印书馆1988年版，第45页。

者的论述也可见一斑，"相信在协商与妥协之中，一切重要问题都能得到圆满解决。这种'共识'实在是英人政治传统所以能够产生以及所以能够发生制约效力的重要原因。"[1]最后，密里本德还提到在英国，存在着这样的一种事实，那就是议会制度中大量存在的委任制和增选代表制，更是让议会制度和选举制度的民主性大打折扣，也就是说，在英国，无论是其名义上和程序上经过选举而产生的议会，还是其他的国家机构及其重要官员，实际上存在着很多选举制的例外，他们不是通过代表民主的选举而是通过其他的方式产生的，这同样为英国资本主义民主制度的民主性蒙上了阴影。

第二，各种主体壁垒。在英国，存在着各种利益相关的政治组织和政治力量，在政治领域，他们总是位于一条分界线的两端，一端是英国传统上的保守主义，另一端是要求重大变革的激进主义。保守主义势力总的来说包括各种资本家阶级、高级文官集团、军警中的领导人员、司法系统、地方政府以及各类学校、宗教组织、公共传播媒介组织和知识分子，另外甚至还包括工党领袖和工会领导人；位于分界线另一端的激进主义力量主要包括一些社会主义者、左派人士、共产党人士以及工会积极分子等。密里本德认为，传统的保守主义成员，对民众的民主要求和激进思想抱有极度的敌意，他们甚至可以忍受严重破坏资本主义民主的法西斯主义，也不能接受社会主义和共产主义，他们认为这一点丝毫不足为奇，因为他们一贯把共产主义者看作是十恶不赦的暴徒和恶棍，而法西斯分子则是误入歧途的爱国者。这些思想和观点在英国保守派的队伍里司空见惯。但令人惊奇的是一向宣称以社会主义为目标的工党在入主

---

〔1〕 龚祥瑞：《比较宪法与行政法》，法律出版社 2003 年版，第 97 页。

政府以后，也会从当初竞选时的激进派变成与传统保守主义没有多大区别的"稳健派"，置自己当初的竞选承诺于不顾，积极通过打压、劝说、拉拢等多种手段对付激进思想和激进行为，努力维护资本主义统治秩序。除了保守党、工党等这些意识形态性比较明显的组织以外，在英国的政治民主体制下，还存在着大量、宣称自己"政治中立""无党无派"的各类机构和组织，比如法院、军队、警察、宗教组织、学校、新闻媒体等，密里本德强调说，这些组织表面上宣称自己的政治独立性，但是它们往往通过自己日常的行动证明了自己绝对不会突破资本主义的核心价值秩序，在劳资矛盾尖锐，需要做出重大立场抉择的时候尤其如此。以英国广播公司为例，在英国1926年总罢工期间，英国广播公司的第一任总经理约翰·里斯就写信给当时的英国首相表明了自己与政府意见一致的政治立场，同时政府私下里也不会相信英国广播公司能够做到新闻媒体的"不偏不倚"，对其能与政府保持合作、站在罢工工人的对立面抱有充分的自信。

　　第三，意识形态壁垒。从表面上看，资本主义国家和政府打着"民主""自由"的幌子，鼓励价值多元和思想竞争，现代资本主义民主从表面上看尤其允许意见市场的充分发达和流通。但是密里本德运用历史和现实中的经验性事实告诉我们，资本主义国家永远有其稳固不变的核心价值观，那就是维护资本利益，维护资产阶级的统治秩序。只要能够维护资本主义的核心价值观，其他的细枝末节都可以通过协商得到解决或缓解。对于资本主义国家的统治阶级内部各个组成部分来说，由于他们相同或相似的出身、教育、经历以及社会地位等，他们往往比附属阶级更容易形成根本一致的价值观和意识形态，无论对保守主义的左派还是右派，他们之间是不存在根本的分歧的，也就是说保守主义的左派和右派，他们的分歧能够保持在一个不损害基本原则的范围内。但对于被统治阶级而言，由于他们的受教育程度、从事行业、对问题的认知能力等诸多不同以及现代工业、技术的发展，这些因素都阻碍了被统治阶级统一意识形态的形成，很大程度上造成了他们内部的分裂，统治阶级却敏锐地抓住了这种分裂，通过采取笼络、打压等不同手段鼓励这种分裂，形成了对自己极为有利的政治局面。在密里本德看来，在英国，表面上看来，一切都极为自由和民主，阶级矛盾相对缓和，整个社会呈现出秩序井然的态势和局面，社会各个阶级和阶层都各取所需、各得其乐，但是在其背后却有一条不可颠覆的思想根基在起着黏合的作用，一切社会主体都必须在这个思想框架里享受民主和自由，否则，所谓的自由和民主就会撕开面纱，从而呈现出镇压和暴力的真实面目。在英国，统治阶级意识形态成功地构筑了英国民主制的第三道壁垒，而且是极为关键和重要的壁垒，进一步阻碍了被统治阶级民主诉求的多样性及其合理发展，它通过意识形态的隐性构筑和防御，告诉他们，虽然英国的资本主义政治体制尚不完美，存在着这样那样的缺陷和不足，但是这都可以通过修补得以完善，完全没有拿虚无缥缈的社会主义民主来取代资本主义民主的必要。

第四，资本主义民主制的另外一个功能就是遏制来自下层的压力和抗争。长期以来，与马克思主义的基本观点完全相反，资产阶级以及资产阶级政治学都尽力地淡化阶级、阶级矛盾和阶级斗争的观念、概念和事实，他们宁愿以其他的概念和术语对这些问题进行截然相反的解释，或者至少是极力淡化阶级主义的解释模式。但密里本德却认为，在发达资本主义社会，统治阶级事实上时刻在关注阶级斗争的现象、态势和发展，他指出："所有管理国家和其他权力机关的人时刻关心着如何能够遏制和减轻民众的压力。"〔1〕资本主义民主制，为舒缓来自下层的压力打开了一个通道，无论是议会制、多党制，还是各种形式的资本主义权利和自由，包括言论自由、新闻自由、出版自由、结社自由以及普选权、地方自治权等，都是缓和压力、遏制抗争的有效手段和途径。通过这些权利和自由，使得在资本主义社会中不发生革命成为可能，因为资本主义民主制已经为来自下层的意见和要求提供了表达的机会和途径。因此，资本主义民主制的存在和运行，本身就是一个劝说的过程和手段，是取得被统治阶级"同意"的有效方式。

最后，资本主义民主制的第三个功能就是缓和阶级矛盾，维护阶级统治。密里本德在《英国资本主义民主制》中，集中分析了英国资本主义民主制中存在的深刻悖论。一方面，其通过民主制，巧妙地构筑层层壁垒，使得"英国的政治体制完全适合于这样一种处理方法，因为它会很容易地变成一条处处设坝的河道，要求改革和革新的急湍自上而下便自然成为涓涓细流。"〔2〕另一方面，统治阶级也深刻认识到，毫无顾忌地玩弄一些程序上的把戏，总有一天会被识破。因此，不得不实实在在地提供一些民主权利、进行适度的民主改革。以英国最典型的政治民主特征议会民主制来说，它所遵循的原则既是"民众参与"，又是"民众回避"，这两个看似相互矛盾和冲突的原则和制度，在资本主义议会民主制下，得到了完美的结合和体现。因为在资本主义民主政体下，真正的"问题倒在于让民众在适当的和有意义的范围内参与政治；但同时要'避免让民众享有'

---

〔1〕 ［英］拉尔夫·密利本德：《英国资本主义民主制》，博铨、向东译，商务印书馆1988年版，第3页。

〔2〕 ［英］拉尔夫·密利本德：《英国资本主义民主制》，博铨、向东译，商务印书馆1988年版，第5页。

决策的权力，并严格限制市场对国务的处理所产生的影响。"[1]
密里本德在分析资本主义民主制的特征时，强调了资本主义民
主制的灵活性和适应性。虽然资本主义社会，社会矛盾重重，
但是其却在矛盾丛生的社会状况下，维护了社会秩序的基本稳
定，并保持了资本主义的根本价值观和制度准则体系，在这点
上，资本主义民主制的功劳功不可没。自工业革命以来，资本
主义世界发生了翻天覆地的变化，"造成大规模破坏的经济和社
会变化"[2]，但是其尚能维持一个极端不平等和阶级界限分明
的社会，这令人不得不承认资本主义民主制的成就和成功。"从
一项明显的意义上讲，英国的记录并不是独一无二的其他资本
主义国家也已经成功地遏制了压力和抗争。"[3]

（三）资本主义民主的本质

资本主义民主制的本质就是缓解阶级矛盾，维护统治阶级
的阶级统治。以英国为例，英国民主政治制度的本质就是尽力
减少和遏制来自下层的压力，尤其是要消灭这种压力表露出来
的机会，"如果民主制被解释为民众参与决策和控制国事的处理
办法，英国的政体就远非民主。"英国民主政体"始终尽可能致
力于遏制而非助长民众行使决策权和处理国事的权力"，"民主
的要求和政治的现实并不真正相适应。"[4]英国以普选权为基础
的民主制度一方面鼓励劳工阶级和下层群众选派代表，抒发民

---

〔1〕［英］拉尔夫·密利本德：《英国资本主义民主制》，博铨、向东译，商务
印书馆1988年版，第47页。

〔2〕［英］拉尔夫·密利本德：《英国资本主义民主制》，博铨、向东译，商务
印书馆1988年版，第3页。

〔3〕［英］拉尔夫·密利本德：《英国资本主义民主制》，博铨、向东译，商务
印书馆1988年版，第3页。

〔4〕［英］拉尔夫·密利本德：《英国资本主义民主制》，博铨、向东译，商务
印书馆1988年版，第2页。

意，但另一方面又通过渗透于整个社会背景下的遏制壁垒来削弱民众民主的要求和民主行动所产生的不利影响。

从民主遏制的方式和手段而言，除了上述遍布英国社会的保守势力的壁垒作用以外，英国统治阶级主要采取以下几种手段来实现英国民主政体的遏制和消解功能。其一是劝说手段。统治阶级认识到，随着民主和人权观念的深入人心，并且日益灌注到人们的日常生活中，再像过去"圈地运动"一样采取简单暴力的手段已经与时代潮流不符，也达不到预期的效果。统治阶级转而采取更为软化的劝说手段，通过协商、说服的方式，力争取得被统治阶级同意，从而实现阶级统治，维护资产阶级的利益。其二是笼络手段。如上文所述，被统治阶级由于多方面的原因，往往使自身内部陷于分裂。统治阶级对于被统治阶级内部的"好斗分子""积极分子"，总是在打压的基础上进行笼络，比如把他们吸收进政府部门任职，或者吸纳进其他的半官方机构。经验证明，这种行为在工人阶级内部行之有效，许多"好战"的激进分子最后都在保守主义的收买下变成了可靠的"稳健派"。其三才是压服和慑服手段。当国内的阶级矛盾已经十分严重，到了不可调和的程度时，统治阶级也不排除运用暴力手段来达到自己的目的。

资本主义民主制逐渐演变成统治阶级遏制被统治阶级压力的工具，这种遏制有着更为深远的目的和目标，首先是要维护资产阶级的核心利益，包括他们所拥有和享受的权力和特权，以及由这种权力和特权所形成的经济利益、政治利益和其他利益。维护利益的方式是多种多样的，密里本德认为，虽然资产阶级的国家从本质上讲是统治阶级的阶级统治工具，但是这种工具性与国家的相对自主性并不矛盾。国家为了维持一个稳定的社会秩序，有时候会采取一些表面上损害统治阶级利益的行为，从而引起统治阶级内部相关方面的不满，但国家的这种行为从根本上讲是为了统治阶级的整体利益的，而现实中的统治阶级总是着眼于具体的利益、个体的利益以及眼前的利益，这就会使站在一定高度上的国家看上去，仿佛是所有社会成员的代言人，从而引起相应的怀疑，消解经典马克思主义对国家性质的明确论断。英国资本主义民主制的第二个基本作用和功能是维护资本主义的核心价值观，即政治自由主义和经济上的自由市场经济体制。密里本德认为，资本主义国家以及它的相关制度，包括资本主义民主体制，当然有许多作用和功能，比如维护公共安全、维护社会秩序、提供公共福利等，但是这些作用都是所有国家共同的、基本的作用和功能。要认清本质，不能只看这些基本的功能，而是要看它的特殊职能，资本主义民主制的核心功能就是维护资本主义的核心价值体系，其他的功能都是附属于这一核心功能的。资本主义民主制根本目的是要维护资产阶级的经济秩序和社会秩序，从而最终实现在民主形式下的资产阶级真实统治。

三、超越资本主义民主

如前所述，民主在密里本德的政治学研究中，占有重要的地位，同时其在不同的场合，又具有不同的含义和价值。就作为一种基本的社会制度而言，密里本德认为，民主是发达资本主义社会的基本特征，虽然其不完善，存在很多弊端，但是，相比于专制和专断而言，其又具有极大的历史进步性。资本主义民主，作为民主发展的一种形态，其存在和发展不是永恒的，像历史上曾经存在过的其他人类活动组织形式一样，必将被某种更高级别的民主形式所超越和取代，密里本德认为，只有社会主义民主，才能够实现对资本主义民主的真正超越。

（一）资本主义民主的前途

虽然从现实的观察来看，发达资本主义总是与民主相连，但历史经验和历史事实表明，资本主义也并不总是排除专制和残暴。虽然，有不少人都把资本主义历史上出现的法西斯主义和纳粹主义归结为极权主义，也有不少人把斯大林主义视为极权主义，认为二者没有根本的差别。更有甚者，认为当年希特勒的纳粹主义，正是号称是"社会主义者"，是"国家社会主义"，自己是工人阶级利益的真正代表。斯大林主义更是标榜自己是正统的马克思主义，真正的社会主义。因此，得出结论说，马克思主义者尤其是信仰马克思主义的社会主义者往往都是专制的极权主义者，是独裁主义的典型代表和象征。这种观点和论调，不仅在过去，就是在当今时代，也屡见不鲜。其实，对于此类看法和态度，密里本德早就指出，这是一种不怀好意的、有明确政治目的的见解，也是对历史事实的故意歪曲。因为即便是在资本主义民主发展过程中，出现的法西斯主义和纳粹主义，虽然与传统的资本主义民主有很大差别，但是，从本质上而言，二者却都是极为相似的，都是为了保护资产阶级的利益，尤其是经济利益。至于在纳粹德国时期，希特勒政府对当时业已确立的资产阶级民主制的破坏，对经济制度及社会制度的改变，对财产权的限制，等等，虽然这些措施使得当时的资产阶级十分惶恐，并且怨声载道，但是在密里本德看来，这些都是在经济危机的特定历史背景下，资产阶级不得不采取的一种统治形式。这种极权和专制的形式，从根本上有利于资本主义社会秩序的稳定，有利于转嫁和转移资本主义经济危机及其造成的严重的社会后果，最终有利于资产阶级的专制统治。至于这种极权和独裁统治对资本主义民主制的破坏，对部分资产阶级利益的限制，等等，都可以看作是资产阶级为了维护自己最终的利益，所应当付出的酬金和代价。因为从历史的经验观察，极权主义统治下的资本主义社会与资本主义民主制之下的资本主义社会并没有质的差别，二者在本质上是一样的。密里本德在不同时期的著作里，都强调了这种看法和观点。"当胜利后的同盟国军队在 1945 年进入德国时，即纳粹政权在德国连续十二年拥有完整的权力之后，他们才发现那只不过是一个与 1933 年以前就存在过的经济和社会体系并无根本性差异的政权而已"。"对于法西斯统治时间更长的意大利而言，情况也同样如此。"〔1〕

因此，从本质上讲，法西斯主义、纳粹主义，依旧是维护资产阶级统治和利益的有效形式，这与斯大林主义根本不同。虽然，在一定意义上讲，斯大林主义也最终走向了一定程度的极权和独裁，但是其在指导思想、权力结构、利益代表等各方面都与法西斯、纳粹主义大为不同。至于斯大林主义，为什么最后会走上集权和独裁的道路，它需要另外的研究和解释。

对于资本主义民主制的前途，密里本德也进行了客观的分析和预判。他认为，鉴于资本主义民主制的功能和作用，它能够对缓解社会矛盾，尤其是阶级矛盾，使得资本主义社会维持一个相对稳定、和谐的社会秩序，这本身有利于资本主义的统治。因而，资本主义民主、资产阶级利益与资本主义社会秩序三者是相互依存的关系。资本主义民主能够"有效地遏制社会里产生的种种压力"〔2〕，从而能够维护资本主义社会秩序，继续维护资产阶级的利益和统治。但是，资本主义民主制是在资

---

〔1〕 张亮、熊婴编：《伦理、文化与社会主义：英国新左派早期思想读本》，江苏人民出版社 2013 年版，第 192 页。

〔2〕 ［英］拉尔夫·密利本德：《英国资本主义民主制》，博铨、向东译，商务印书馆 1988 年版，第 170 页。

本主义正处于上升时期，在对外扩张顺利发展，经济发展也较为迅速的情形下产生和发展的。虽然资本主义国家在进行选举制度改革、扩大选举权的过程中，使得"'人民大众'登上政治舞台"[1]，虽然最初，相关人士尤其是统治阶级成员都对民主的发展感到担心，生怕其带来严重的、无法挽回的后果。但事实证明，处于上升时期的资本主义尚能够民主发展造成的压力和紧张态势，而且，资本主义民主制的发展，有利于缓解压力，有利于社会秩序的稳定。

但是，密里本德又指出，在二战以后，虽然资本主义经济经历过发展的高峰时期，但是总体上讲，回落和缓慢是其发展的总体特征和总趋势，尤其是二战后风起云涌的民族独立和解放运动，使得发达资本主义国家丧失了大量的海外殖民地，这使其丧失了大量的廉价资源生产地、廉价劳动力输出地以及商品销售地，因此资本主义的发展面临重重危机，不复过去的顺利与荣光。在这种情形下，资本主义民主能不能像过去一样发挥作用，值得怀疑。在这种情形下，资本主义民主制有三种发展可能性，第一种是现今的资本主义民主制仍像过去一样，能够承受住各种压力和抗争，继续有效地发挥作用；第二种情形是资本主义民主制不能承受来自下层的压力，因而虽然表面上还保持着一些民主和宪政的特征，但是却加强了镇压的功能，缩减了民主的范围和程度，从而资本主义民主政府有可能向独裁和专制政府过渡。第三种可能性是在下层压力之下，通过典型的资本主义民主制形式—普选制和议会制，产生一个左派政

---

〔1〕　〔英〕拉尔夫·密利本德：《英国资本主义民主制》，博铨、向东译，商务印书馆1988年版，第170页。

府，"将力求实施影响深远的社会主义纲领。"〔1〕

那么，一旦资本主义统治秩序发生危机，资本主义民主的前途是更有可能向第二种情形发展呢，还是更有可能向第三种情形发展呢？密里本德认为，在像英国这样的有着深厚民主、自由传统的老牌资本主义国家，资产阶级民主政权转变成类似于法西斯主义的专制、独裁政权的可能性微乎其微。最有可能出现的情形是，资产阶级民主表面上还保留着民主的某些要件和特征，宪政精神在一定程度上还是资产阶级政府的指导思想，但是诸如限制罢工，制定紧急状态法，实施《紧急权力法》和《防止恐怖主义法》等"已经准备妥当，可以在不违反宪政精神的前提下行使最高的非常权力了。"〔2〕因此，资本主义民主日益走向"不自由的民主"，因为在资本主义统治危机下，限制、侵犯公民权利和自由的行为会屡屡发生，最终成为资本主义民主的常态。

在密里本德看来，资本主义社会的政治危机和政权危机是两个不同的概念，对于资本主义民主国家来说，政治危机和政治变化天天都在上演，它不能从本质上改变资本主义国家的权力状态和结构，充其量只不过是粉饰资本主义民主制的修辞手段。但是，在当今的资本主义社会，其承受的压力无处不在，这种压力首先来自于工人阶级，工人阶级的压力可能会以两种基本的形式表现出来：一是有组织的工人形式，另外一种是工人阶级以选举人的身份出现。密里本德指出，"只有有组织的工

---

〔1〕 ［英］拉尔夫·密利本德：《英国资本主义民主制》，博铨、向东译，商务印书馆 1988 年版，第 171 页。

〔2〕 ［英］拉尔夫·密利本德：《英国资本主义民主制》，博铨、向东译，商务印书馆 1988 年版，第 181 页。

人才能激起一场足以动摇一个政府或者政权的重大危机。"[1]但是，通过何种形式把工人阶级组织起来，却是一个现实问题。在西方发达资本主义社会，除了个别国家，共产党、社会民主党以及工党，都不能起到真正的核心作用，关键是他们不能在现实的资本主义条件下，提出真正的、具有凝聚力的社会主义策略和纲领，这才是问题的关键所在，也是资本主义民主制第三种发展可能性的最大障碍。

（二）资本主义民主的超越

密里本德认为，由于资本主义本身存在的、自身难以克服的结构限制与矛盾，仅仅依靠资本主义本身的改革和小修小补，难以从根本上解决资本主义深层次的问题和危机。具体在资本主义民主的特征上，就难以避免地体现出虚假性、虚伪性的特点和矛盾。以资本主义普选制和代议制为基本特征和象征的资本主义自由民主制的最可能的前景是日益走向"不自由的民主"，资本主义民主会在多方面限制公民的自由和权利，从意识形态到具体的经济利益、政治利益，从法律权利到法律义务，自由民主的资本主义社会的民众越来越生活在资本主义的权力控制之中。在这种控制中，资本主义国家将会发挥非常重要的作用。资本主义自由民主制的这种发展态势，势必会引起民众的极大不满，加之资本主义社会的诸多矛盾，使得资本主义自由民主制越来越难以运行，从这个角度而言，资本主义自由民主制的作用和功能发挥将会受到很大的限制和局限。

那么，对于资本主义自由民主制，有没有更加合理、可行的替代方式呢？对于这个问题，许多思想家和学者都进行过思考和探索。在资本主义的历史发展中，尤其是西方发达的资本

---

〔1〕［英］拉尔夫·密利本德：《英国资本主义民主制》，博铨、向东译，商务印书馆 1988 年版，第 175 页。

主义进入到垄断资本主义以后，与自由民主制相对应的社会民主主义逐渐地发展起来。社会民主主义与自由民主主义相对比，自由民主主义更多地强调和关注个人的权利和自由、主张限制国家的权力和对市场的干预、主张充分发挥市场的"看不见的手"的作用、在平等方面更注重形式平等和程序平，等等。与自由民主制相对，社会民主主义强调和关注社会的权力和利益，主张充分发挥国家的功能和作用，积极运用"看得见的手"调节市场，调整市场秩序，社会民主主义更注重实质上的平等和正义，主张由政府为社会提供充足的基础设施和公共服务，建立社会保险制度和各种形式的社会保障制度等。社会民主主义的这些观点对各国政府的施政理念和政策起到了很大的作用和影响。虽然在当今看来，即便是由较为右翼的政党执政的资本主义政府，也采取了一些措施，争取在社会公共设施和社会服务上有所建树，比如英国的保守党政府，在1979年，由撒切尔夫人领导的保守党，一举击败工党政府，上台执政。撒切尔夫人上台后，在经济领域进行了大规模的改革，取消了之前由工党政府采取的经济政策，比如重新实行了大规模的私有化政策、大量缩减政府开支，等等。即便如此，在公共服务和社会保障方面，还是进行了基本的保留，在一些方面，还有所提升。因此，针对1979年英国大选工党失败的原因进行分析时，一些左翼理论家就认为，重要的原因之一是保守党改变了其固有的观点和政策，在公共服务和社会保障方面，甚至做得比工党还要合理、到位；与之相比，工党却迟迟拿不出新的、具有吸引力的竞选纲领，并且在工党内部，总是难以形成一致意见，往往陷入左、中、右的分裂之中。至于为什么类似英国工党等传统的保守党派，会一改以往的指导理论和政策，反过来吸收一些社会民主主义的思想和做法，密里本德认为这是由于竞选政治的需要，传统的保守党派正是通过这些政策，吸引了大量的原属于左派阵营的选民；另一方面，保守党的这些改变，有利于对左派选民，尤其是一些政治积极分子，进行分化和拉拢，因为相对于左派的分裂，其实右派更容易形成较为统一的思想认识，"自由企业精神"是这种统一认识的思想基础和基本内核。

那么，是不是社会民主党所一贯主张的社会民主主义就是对资本主义自由民主制的最好替代呢？对此，密里本德不以为然。他认为，社会民主党的观点及其施政纲领确实在一定程度上对资本主义社会实行了改造，但是无论从哪个意义上而言，这种改造都是极为有限的，因为社会民主主义并不打算对资本主义社会进行彻底的改变，相反，其只是在一些细枝末节上进行的改革，并不能改变资本主义社会的生产关系和权力关系，也不是以重建一种与旧秩序完全、根本不同的社会新秩序为目标。"从社会民主党取得的成就来看，它的确做了很多事情，但都与消灭资本主义无关。"[1]

而且，从一定意义上而言，社会民主党的所作所为不仅没有威胁、损害资本主义的根本，与此相反，它的存在反而有利于资本主义的稳定和发展。因为，在一定程度上讲，社会民主党在稳定资本主义统治方面所发挥的作用和功能要比传统的工会组织和工会运动还要广泛和深刻。"这意味着，就其大端而言，社会民主党主要是一个忙于在劳动者与既有体制之间斡旋的政治中间人。"[2]为了达成自己的意愿，实现自己的政策目标，"社会民主党总是愿意讨价还价，它已经越来越卷入并成为

---

〔1〕　张亮、熊婴编：《伦理、文化与社会主义：英国新左派早期思想读本》，江苏人民出版社 2013 年版，第 198 页。

〔2〕　张亮、熊婴编：《伦理、文化与社会主义：英国新左派早期思想读本》，江苏人民出版社 2013 年版，第 198 页。

资本主义政治的一部分。"[1]

另外，对于资本主义自由民主制，所设想的另外一种替代方案，即激进民主是否能够行得通呢？美国知名政治学学者、曾长期任教于日本津田塾大学政治学系的道格拉斯·拉米斯（Douglas Lummis），由于受到其受教育的加州大学伯克利分校对传统自由主义批评精神的熏陶和影响，道格拉斯在后来的政治理论研究中，致力于探寻民主和左派运动的必然联系和亲和关系，力图通过民主途径，探索和建构一种不同于传统马克思主义的资本主义民主替代方式。在其著作《激进民主》中，道格拉斯力图通过重新建构不同于传统的民主观念，使民主重新成为有利于人民和左翼的反资本主义运动。作者道格拉斯认为，自由主义民主观往往将民主与西方发达资本主义国家的现有政治制度之间画等号，而事实上发达资本主义国家的政治制度在很多领域是反民主的。作者主张为政治、文化和经济等多种不同的目的和原因，形成面对面的小群体，以普遍价值号召，争取在社区、工作场所和第三世界的本土等领域尽可能实行直接民主和自治，壮大公民社会，建立自由空间，从而既可以代替资本主义代议制民主的制度安排，又可以代替传统左翼的权威主义的组织方式。道格拉斯认为，这样的民主重建，可以使西方的左翼，发现资本主义并不是历史的终结，并使左翼重新获得目标、方向和号召力，这样，民主将再次和人民站在一起，从而有利于人民，这样的民主以及按照这样的民主原则组织起来的各种制度和组织体系就是激进民主。

对于激进民主，后马克思主义时代的著名学者拉克劳与墨菲对其进行了进一步的阐释，并且在西方理论界引起了巨大的

---

[1] 张亮、熊婴编：《伦理、文化与社会主义：英国新左派早期思想读本》，江苏人民出版社2013年版，第199页。

反响和讨论。拉克劳和墨菲在《领导权与社会主义的策略——走向激进民主政治》一书中认为，在后工业社会，资本主义社会发生了许多根本性的变化，马克思主义时代的阶级社会变成了后工业社会的大众社会，因此，在这种社会里，工人阶级不再是社会革命和社会变革的主体，在很大程度上讲，工人阶级已经被边缘化了。因此，他们认为，在后马克思时代，应当探寻新的不同于传统的马克思主义的社会变革方式和策略，他们寻找的有效方式就是激进民主。他们认为，在后马克思主义时代，民主革命不再是社会主义革命的组成部分，相反，社会主义成为民主运动和民主革命的必要组成部分。因此，要不断地推进民主运动、拓展民主的政治领域，从而实现社会主义。墨菲（Murphy）说：在《领导权与社会主义的策略——走向激进民主政治》一书中，我们提出激进与多元的民主这一术语来重新定义社会主义事业，并设想它是民主向社会关系的广阔领域的延伸。我们的目的是将社会主义诸目标与政治自由主义制度结合成一个有机整体。如果必须放弃一个被拟想成完全不同的社会系统的社会主义理想而这一社会的实现需要放弃关于自由民主政体的政治原则，这并不意味着我们也要放弃被认为是作为深化民主斗争的一个层面的那些社会主义目标。社会主义被理解为经济民主化的一个过程，是激进与多元的民主规划的一个必要成分。[1]对于诸如此类的观点，著名马克思主义学者艾伦·伍德借用马克思著作里的话，讽刺性地把它总结为"新的'真正的'社会主义"，并分析说："……所谓的新的'真正的'社会主义。其中的大部分是谈不上'新'的，在某种程度上，可以说这不过是旧调重弹，是老掉牙的右翼社会民主党的骗人

---

〔1〕　〔美〕查特尔·墨菲：《政治的回归》，王恒、臧佩洪译，江苏人民出版社2001年版，第104页。

方案。"〔1〕密里本德也对诸如此类的观点进行了评论，他把其称为"新修正主义"，并对其危害性进行了分析，他认为："这种新修正主义标志着从一些基本的社会主义立场的一种非常显著的倒退。这非但不能提供一条走出危机的出路，反而成了这种危机的另一种表现形式，并且对近年来已经严重影响左派力量的不安、混乱、迷失自信甚至失望都没有任何帮助。"〔2〕

至于历史上曾经出现的法西斯主义政权，密里本德认为，它在具有历史悠久的自由民主传统的西方发达资本主义国家，更是不可能长期存在，虽然在历史上它的确存在过，但是"另外一种替代选择—法西斯主义，各种不同形式的极端右翼独裁主义，或者伊朗模式的神权统治—还保有可能性，但是它们相比于资本主义民主制更令人极其不满，无论如何也与历史的进程相违背。"〔3〕

但是，如果社会民主主义以及其变种激进民主等等民主及政权形式都不能够理想地实现对资本主义民主的超越，那么资本主义民主的真正替代性策略是什么呢？可以说，密里本德一生都在探讨这个问题，他对发达资本主义批判的目的就是为了说明社会主义以及社会主义民主的合理性与优越性，以及资本主义民主必将被社会主义民主超越和取代的历史必然性。弗朗西斯·福山（Francis Fukuyama）在其名著《历史的终结与最后的人》中说，随着苏联解体、东欧垮台，说明资本主义的自由民主制得到了胜利，历史事实证明，自由民主制是人类最好的

---

〔1〕 ［加］艾伦·伍德：《新社会主义》，尚庆飞译，江苏人民出版社 2005 年版，第 7 页。

〔2〕 Ralph Miliband, "The New Revisionism in Britain", *New Left Review*, 2 (1985), p. 150.

〔3〕 Ralph Miliband, "Fukuyama and the Socialist Alternative", *New Left Review*, 3 (1992), p. 108.

政治制度安排。因为，苏联的政权，总是与威权和专制联系在一起。密里本德针对福山的这种观点，评论说："在反对这种推理路线时，我希望能够证明确实存在对于资本主义民主的左派的替代方案。这种替代就是社会主义民主，它与苏联共产主义模式毫无关联，这是福山没有考虑的地方。"[1]因为正如密里本德在多个场合所提到的那样，诸如苏联的共产主义政权，只是给社会主义提供了一个"反例"，它只能够说明社会主义不是什么，而不能充分说明社会主义是什么的问题。

密里本德认为苏联的社会主义政权的一个最大的弊端就是形成了具有代表和象征意义的"斯大林主义"。对于斯大林主义，无论是西欧的社会主义左派知识分子，还是东欧的社会主义国家，都对其进行了反思、批判和反抗。总体而言，他们都认为斯大林主义过于强调"经济决定论"和客观规律，客观上造成了在其社会主义建设中人的主体性地位的缺失，这并不符合经典马克思主义作家关于人的自由而全面发展的理念和理想。汤普森认为，如果仅仅批评苏联的官僚主义，则只是一种流于表面的、肤浅的，甚至类似于人身攻击的批评，他提出应当把斯大林主义看成是一种深刻的、有着内在逻辑一致性的意识形态，"斯大林主义在特定的历史语境中退化为政府官僚的革命精英的意识形态。"[2]汤普森其实在这里提到了一个问题，那就是如何处理党与阶级、群众之间以及民主与集中的关系问题。

密里本德对这一问题进行了系统的考察，首先，他认为斯大林主义主要有以下几个基本特征：其一，少数人甚至是一个

---

〔1〕　Ralph Miliband，"Fukuyama and the Socialist Alternative"，*New Left Review*，3（1992），p. 108.

〔2〕　张亮、熊婴编：《伦理、文化与社会主义：英国新左派早期思想读本》，江苏人民出版社 2013 年版，第6页。

人掌握着绝对的权力；其二，拥有镇压的绝对权力和能力；其三，要求人们无条件地服从命令和指示；其四，个人权威和个人崇拜。其次，密里本德认为，在阶级和政党之间，始终存在一种张力，在一定程度上，党的权力需要"取代"阶级权力，这是客观事实，而且一定程度上也是十分必要的，"就党在某种程度上的'取代'来说，如果'交互作用'是真正有意义的话，工会至多也只能帮助它减少'取代'的程度。"[1]恰恰是这种一直存在的矛盾关系，在斯大林主义下，反而被迫消失了，但是这不是问题被解决以后的自然消失，而是一种被压制的紧张存在。在密里本德看来，在"现代君主"的现代政治生态中，这一问题很可能就没有完全得以解决的终极有效方法，人们所能做的就是尽力减轻这种紧张关系到最低的程度，而这"需要严格地和有效地限制领导人的权力，这不是一件轻而易举的事，这件事的本身取决于一系列有利条件的存在和取得。"[2]这些条件当然是一个复杂的系统，其中，民主必然是其中的应有之义。

---

〔1〕［英］拉尔夫·密利本德：《马克思主义与政治学》，黄子都译，商务印书馆1984年版，第144页。

〔2〕［英］拉尔夫·密利本德：《马克思主义与政治学》，黄子都译，商务印书馆1984年版，第160页。

第五章
发达资本主义国家批判

对于密里本德，几乎众所周知的是其对国家理论的研究，而在其国家理论研究中，"密里本德—普兰查斯之争"又最为人所津津乐道，因为当年两人之间那场关于国家性质的争论，无论在当时，还是在发生之后的多年之中，无论在当时的英国和法国，还是在更广阔意义上的世界范围内，都产生了重要而深远的影响。如今，只要人们研究马克思主义国家理论，甚至只要研究国家思想史，都必然绕不开这个话题以及围绕这个话题所产生的具体争议、观点和其所处的具体语境。对于密里本德国家理论的重要影响力，南京大学的张亮教授认为："先有密里本德的国家理论，后有'密里本德—普兰查斯之争'，再有国家理论在当代英国马克思主义学术界的新发展；回避密里本德的国家理论，当代英国马克思主义学术史上的国家理论篇章将无法得到清晰的叙述。"[1]张亮教授对密里本德国家理论的这一梳理和评价，是比较客观、准确和公正的。

许多人认为，密里本德是"工具主义国家理论"的代表性人物，在很大程度上，这一标签也较为符合密里本德关于国家的主要思想观点；同时，应当强调的是，虽然密里本德的国家理论非常重要，也非常有影响，但是，我们更有必要从一种更广阔、更整体的意义上，来了解和理解密里本德的国家理论，

---

[1] 张亮：《拉尔夫·密里本德国家理论的当代重访》，载《求是学刊》2014年第5期。

同时厘清其国家理论在密里本德政治批判思想体系中的具体地位和作用。因为纵观密里本德一生的活动轨迹，尤其是其学术轨迹和社会实践轨迹，可以发现他是一位具有强烈社会主义信念的独立的马克思主义学者，这就注定了其研究的主要兴趣点和焦点在于对资本主义的法权批判和对社会主义的理论建构，其国家理论在整体上也是服从于这一理论规划和研究兴趣的。因此，似乎更应当在一种整体的法权批判框架中来梳理密里本德的国家理论。同时，需要强调的是，密里本德的国家理论，更多的是关注资本主义社会的国家，研究的基调一如既往地是对资本主义社会中的国家的本质的批判，但同时他也注重探讨社会主义社会国家的本质和作用。因此，密里本德的国家理论，同样是一种批判和建构并存的理论。

长期以来，国家以及与国家相关的问题，一直都是人们考察和研究的主要对象之一，涉及国家的问题很多，比如什么是国家、国家包含哪些必要的因素、如何理解国家的行为、国家权力的合法性和正当性是什么、国家的本质是什么、国家存在的必要性是什么等，这些问题都是人们感兴趣的问题，也是彼此相关、值得不断探讨的问题。1969 年，密里本德出版的代表作《资本主义社会的国家》，主要运用经验主义研究方式和经典马克思主义的基本观点，对资本主义社会的国家问题进行了专门的研究，这本著作出版后，正如上文所述，先是在资本主义国家、随后在世界范围内都引起了人们的关注，甚至当年还在密里本德和结构主义大师普兰查斯之间引起过激烈的争论，对于这场争论，世界范围内的一些学者都表现出极大的兴趣，给予了极大的关注。鉴于密里本德在《资本主义社会的国家》中的基本观点，因而他被人们称为"工具主义国家理论"的典型代表，而普兰查斯相应地被称为"结构主义国家理论"的代表。

一、资本主义社会的国家批判

可以说，密里本德的国家理论是对经典马克思主义国家理论的继承和发展，但是，对于经典马克思主义是否具有完整、系统的国家理论，许多学者表示了质疑。科莱蒂就认为马克思在国家问题上，只不过简单重复了卢梭的政治思想。然而，霍布斯鲍姆认为马克思和卢梭之间没有直接联系："卢梭的人民主权学说是建立在社会契约论的自然法基础上的博爱主义，而马克思的国家理论主要是对资本主义政治理论的批判"[1]。西方马克思主义学者列菲弗尔说："如果有人想在马克思的著作中寻找一种国家理论，也就是想寻找一种连贯和完全的国家学说体系，我们可以毫不犹豫地告诉他，这种学说体系是不存在的。反之，如果有人认为马克思忽视了国家，我们也可以告诉他，国家问题是马克思经常关注的问题。在他的著作中，有关于国家的一系列论述和一种显然已经确定了的方向。"[2]也就是说，马克思主义虽然未形成系统的国家理论，但是国家问题一直是经典马克思主义关注的核心问题之一。"只要不拘泥于国家理论的连贯与完全，我们仍然可以辨认出马克思主义国家理论的存在，这一国家理论可称之为国家批判理论，它是历史唯物主义的重要组成部分，也是马克思主义政治思想的重要组成部分。"[3]

对于密里本德而言，国家理论在其整体政治思想中具有重

---

〔1〕　乔瑞金、曹伟伟：《霍布斯鲍姆的民族国家思想》，载《哲学研究》2013年第5期。

〔2〕　[法] 亨利·列斐弗尔：《论国家——从黑格尔到斯大林和毛泽东》，李青宜等译，重庆出版社1993年版，第122页。

〔3〕　郁建兴：《论全球化时代的马克思主义国家理论》，载《中国社会科学》2007年第2期。

要的地位，在一定意义上而言，密里本德也因其国家理论，无论在西方马克思主义思想界还是在政治学领域，都享有盛名。密里本德的国家理论，首先是一种批判的理论，其批判的主要对象和着眼点即是资本主义社会中的国家。密里本德首先指出，在当代发达资本主义社会，国家在社会整体的运行和发展中，都具有重要的地位和意义，这是一个非常明显、不容置疑的客观事实。在资本主义社会中，人们围绕国家和国家权力，在进行着各种斗争；而且，事实上，没有任何一个社会主体能够说自己从来不受国家权力和国家行为的影响和制约，因为对于每个社会中的人而言，其不仅是一种社会性的存在，同时也是一种政治性存在，所以对于国家，"人们不可能不受它的影响"。[1]然而，虽然国家和国家问题非常重要，但是关于国家的理论研究却显得相当滞后，尤其是在马克思主义政治理论的发展和更新方面，这一矛盾显得尤其突出和迫切。因此，作为一名信奉马克思主义的马克思主义学者，首先运用马克思主义的基本思想，并结合已经发展变化了的社会现实，去完成这一理论任务，不仅是理论的诉求，更是现实的需要。研究国家理论问题，首先必须面对现实，密里本德面临的、具有理论意义的现实问题，就是如何认识发达资本主义社会中的国家。

（一）国家的概念

虽然人们都不否认国家的现实存在，但是对于什么是国家，却有着不同的理解和见解。因此，研究国家问题，首先就是对国家的概念进行具体的界定；其次是研究在具体的社会中，国家有哪些现实的职能，这些职能是如何实现的；最后通过对国家职能的研究，加深对国家概念和重要性的体悟。

---

〔1〕 〔英〕拉尔夫·密里本德：《资本主义社会的国家》，沈汉、陈祖洲、蔡玲译，商务印书馆 1997 年版，第 5 期。

人们往往在最宽泛、最经常的意义上谈论和观察国家，因此"什么是国家"仿佛根本就不是一个问题。但是当具体界定国家的定义和概念，以及它在现实中的具体所指时，还是会发现，人们基于自身基本的观念、态度以及所处的具体社会现实等诸方面因素的影响，对于什么是国家，还是会有很多不同的看法和见解。

首先，一个基本的问题是，如何区别社会和国家之间的相互关系。社会和国家是完全等同的吗？二者是一种重合的关系吗？还是二者是一种既相互区别又相互联系的事物？如果二者之间有区别，那么它们之间的具体联接点在哪里？等等。对于这个问题，在人类社会发展史上，许多思想家都有过精彩的论述和论证，其中，马克思主义经典作家，对于国家和社会关系之间的论断，最为引人关注。他们首先表明，社会和国家是两种不同的事物，不能混淆也不能等同；其次，他们认为，在国家和社会的关系上，不是社会产生于国家，而是国家产生于社会，即"国家是社会在一定发展阶段上的产物。国家是承认这个社会陷入了不可解决的自我矛盾，分裂为不可调和的对立面而又无力摆脱这些对立面。而为了使这些对立面，这些经济利益互相冲突的阶级，不致在无谓的斗争中把自己和社会消灭，就需要有一种表面上凌驾于社会之上的力量，这种力量应当缓和冲突，把冲突保持在'秩序'的范围以内；这种从社会中产生但又自居于社会之上并且日益同社会相异化的力量，就是国家。"[1]最后，马克思主义经典作家还指出，在阶级社会中，阶级性是国家的基本属性，其绝对不是社会全体成员利益的共同代表。

---

〔1〕《马克思恩格斯文集》（第4卷），人民出版社2009年版，第189页。

密里本德秉承上述马克思主义关于国家问题的基本观点，认为国家和社会并非同一种事物，而是密切联系又相互区别的主体。因此，他明确把自己的国家理论研究定位于资本主义社会，旨在研究资本主义社会背景下的国家基本问题。密里本德认为，国家作为资本主义社会中的一种重要的客观存在，在社会中具有重要的、不同于一般社会组织的地位和意义，绝对不能把其与一般的社会组织相等同。密里本德的这一观点与其老师哈罗德·拉斯基早期的思想观点差别很大。拉斯基早期是一位国家多元论者，他在《现代国家中的权威》中认为国家"并不必然就比一个教会、工会或互助会更适合于社会的目的"[1]。与此相反，密里本德认为，在现代社会中，国家日益显示出其在社会中的重要地位和价值，人们在社会中，为了达到自己的目的，经常会寻求国家的帮助，或者借助国家的名义，从而来证明自己的权威性和正当性，"如果这个星球的绝大部分某一天在核战争中化为尘埃，那是因为以他们的国家的名义并被授权行动的人们，自愿作出这种错误决定的结果"[2]。

那么什么是国家呢？如何在现实的社会结构和社会关系中来界定国家呢？密里本德认为，这是讨论相关国家问题的一个基本的前提问题。密里本德反对对国家概念的抽象界定，他认为国家不是一种抽象的存在，尽管对国家概念的抽象理解和解释对人们理解国家具有重要的启示作用。在这个问题上，普兰查斯与密里本德之间正好相对。普兰查斯从社会阶级尤其是阶级斗争的角度阐释了权力的概念，并且认为社会阶级的权力被

---

〔1〕 转引自邹永贤、俞可平、骆沙舟、陈炳辉：《现代西方国家学说》，福建人民出版社 1993 年版，第 292 页。

〔2〕 [英] 拉尔夫·密里本德：《资本主义社会的国家》，沈汉、陈祖洲、蔡玲译，商务印书馆 1997 年版，第 5 页。

组织在各种特殊机构之中，这些机构也因此可以被称为"权力中心"，从这个角度而言，国家则是"执行政治权力的中心"，但他又认为，各种国家机构"严格说来并没有任何权力"。[1]在这里，普兰查斯虽然认为在资本主义社会，国家直接掌握着社会的政治权力，但是他并不认为组成国家的具体机构拥有政治权力。

　　与此相反，密里本德强调，国家具体是由一系列要素组成的，其中，政府是第一要素，但是注意不能把政府等同于国家，因为政府权力和国家权力虽然密切相关，但绝对不是完全等同。国家的第二个要素是行政机构，现代国家行政机构大为膨胀，因此存在着各种行政机构。在发达资本主义社会，行政机构和政府有很大的区别，虽然表面上行政机构远离政治，好像仅是执行机构，但事实上并非如此，需要加以认真考察和区别。国家的第三个要素是国家强制性机器，具体包括军队、"国家准军事的、保安和警察力量"[2]。国家的第四个要素是司法机构，司法机构是资本主义国家体制的重要组成内容，也是国家权力的重要拥有者和行使者。国家的最后一个构成要素是各种次中央政府单位和议会，各种次中央政府单位对于中央和边缘地区而言，起着重要的桥梁和沟通作用，"能够非常明显地影响它统治下的居民的生活"[3]，因而也是一种国家的权力结构系统。在西方代议民主制的背景下，事实上，议会并不像表面上那样与政府针锋相对，"只要加入了立法工作，它们就要帮助政府工

　　〔1〕　[希腊] 尼科斯·波朗查斯：《政治权力与社会阶级》，叶林、王宏周、马清文译，中国社会科学出版社 1982 年版，第 120 页。

　　〔2〕　[英] 拉尔夫·密里本德：《资本主义社会的国家》，沈汉、陈祖洲、蔡玲译，商务印书馆 1997 年版，第 56 页。

　　〔3〕　[英] 拉尔夫·密里本德：《资本主义社会的国家》，沈汉、陈祖洲、蔡玲译，商务印书馆 1997 年版，第 58 页。

作"〔1〕。

密里本德认为，正是上述组成国家的各要素构成了国家，它们之间的相互关系构成了国家制度的具体形式。在发达资本主义社会，正是这些要素部门成为国家权力的主要贮存所，这些机构中的高层和领导人员，"总统、首相和他们的大臣阁僚；高级文官和其他国家行政官员；高级军官；法院的法官；议会两院的一些领导人……以及在他们后面躲得远远的一些次中央单位的政治和行政领导人"〔2〕，他们构成了发达资本主义社会中的国家精英集团。

同时，密里本德还强调说，在社会中，除了这些直接掌握国家权力的精英以外，还有一些社会组织，其行为也在很大程度上影响着国家的权力和行为。因此，在研究国家时，也应当对这些组织加以统一考虑。

综上可见，密里本德对国家概念的界定是非常具体的、是经验性的，他把国家看成是由一系列掌握国家权力的国家机构组成的有机联系的结构体系。在这个由国家机构组成的结构体系中，各种国家机构是国家的载体，国家权力是国家的核心，国家行为是考察国家本质的主要参照物。

密里本德对国家的这种定义方式，其优点和不足都同样明显，一方面，它的指向是具体的、可循的，排斥了神秘主义国家观和抽象主义国家观的玄虚，但另一方面，正如普兰查斯所言，密里本德对国家的分析，实际上陷入了一种还原主义的陷阱，"社会阶级或'集团'在一定程度上还原成了一种个人之间

〔1〕 ［英］拉尔夫·密里本德：《资本主义社会的国家》，沈汉、陈祖洲、蔡玲译，商务印书馆1997年版，第58页

〔2〕 ［英］拉尔夫·密里本德：《资本主义社会的国家》，沈汉、陈祖洲、蔡玲译，商务印书馆1997年版，第59页。

的关系，国家被还原成了构成国家机器的不同'组成部分'的成员之间的关系，最后，社会阶级和国家之间的关系被还原成了构成社会阶级的'个人'和构成国家机器的'个人'之间的关系。"[1]这样的分析方式，一方面使自己的结论和分析清晰易懂，另一方面，却容易显得过于简化，导致在一些方面分析不周，从而给对手反击留下隐患。

(二) 国家的职能和作用

如上所述，密里本德把国家看成一个由五种要素构成的、相互联系、相互制约又相互配合的有机整体，同时，国家又是一种结构性存在的实体。由于受到当年和普兰查斯争论及其所引起问题的影响，密里本德认为国家的功能和行为受到"结构上的强制力"的制约，这使得所有的国家都必须履行一些基本的、同时也是共同性的职能。

从客观经验性事实考察，国家的行为领域广泛、职能繁多，但是在密里本德看来，总的说来，国家的职能可以分成四种基本的职能，即镇压的职能、思想文化方面的职能、广义的经济职能和国际方面的职能。[2]这些职能之间是相互交叉的，同时在不同社会之间、在同一社会类型的不同国家之间，这些职能的具体表现并不相同。

国家镇压功能的体现，在现实的社会中，往往"具体化为警察、士兵、法官、监狱看守、刽子手等"[3]。无论在何种阶

---

[1] Nicos Poulantzas, "The problem of the capitalist state", in James Martin ed., *The Poulantzas reader: Marxism, Law, and the State*, London and New York: Verso, 2008, p. 175.

[2] [英] 拉尔夫·密利本德：《马克思主义与政治学》，黄子都译，商务印书馆1984年版，第98页。

[3] [英] 拉尔夫·密利本德：《马克思主义与政治学》，黄子都译，商务印书馆1984年版，第99页。

级社会中的国家，都会积极参与到社会的冲突之中，这些参与和干预会因社会冲突的具体情形而呈现出不同的形式。但是，可以肯定的是，无论何种社会冲突，国家总会参与和干预，这一点却是必然而共通的。

国家参与和干预社会冲突的程度和方式不同，但是这些干预都带有偏袒性的特点。在密里本德看来，阶级社会中的国家必然带有阶级性，它总是企图维护现有的、有利于现存统治阶级的社会秩序，即保护总体上有利于统治阶级的"法律和秩序"。

当然，如前所述，在不同的资产阶级社会的国家中，国家干预的方式和强度是不同的，比如资产阶级民主类型的国家和极权主义类型的国家，二者存在诸多差异。资产阶级民主国家，其干预权和警察权受到诸多限制，而且在社会中，接受和保留工人阶级的自我防卫性组织的存在；但极权主义国家，往往把摧毁工人阶级组织作为自己的首要任务，同时，在这些国家中，警察权力很大，受到的限制很少。

事实上，资本主义社会绝对不像其所一贯秉持的绝对自由主义经济理念那样，国家远离经济领域，把几乎所有的经济活动都交由市场去进行，即便是在早期的资本主义经济发展过程中，"国家对经济生活的干预始终是资本主义历史上最重要和具有决定意义的特征"[1]。密里本德认为，资本主义经济越发展，尤其是其生产方式越发展，就越是与国家的干预紧密联系在一起。对于这一点，恩格斯当年就做过精准的预测，恩格斯在《反杜林论》中指出，随着资本主义经济集中和垄断的不断发展，"资本主义社会的正式代表——国家不得不承担起对它们的

---

〔1〕 ［英］拉尔夫·密利本德:《马克思主义与政治学》，黄子都译，商务印书馆1984年版，第101页。

管理"[1]。密里本德认为，马克思、恩格斯以及以后的马克思主义者，在分析资本主义生产方式时，国家对经济的干预、国家在资本主义过程和发展中的作用，都是这种分析中不可或缺的、必要而必然的组成部分，"国家资本主义"或者"国家垄断资本主义"就是对目前资本主义状况的一个非常普遍而正式的称呼。

至于国家的思想文化功能，密里本德认为，在资本主义社会，许多组织和机构都承担着这种文化职能，而且其在形式上更加多种多样，在内容上也更加隐蔽。但是，在资本主义文化统治权形成的过程中，国家起着不可或缺的作用，其中的一个主要原因就在于国家拥有着许多便利条件，"它可得到的那种效能大得无法估量的通信工具，对这种努力起了进一步的推动作用。"[2]

马克思、恩格斯在19世纪就对资本主义的发展做出了精准的预言："资产阶级，由于开拓了全世界市场，使一切国家的生产和消费都成为世界性的了。"[3]密里本德认为，在马克思和恩格斯的预言中，随着资本主义发展过程的不断推进，日益展现了一种深刻的矛盾，那就是一方面世界范围内的经济联系密切加深，经济全球化、世界一体化的趋势不断增强。另一方面，世界上民族主义不断涌现，出现了大量的民族主义国家；各个不同的民族主义国家都企图获得最大的利益和权力，因而在世界上呈现出一种一方面不断融合、另一方面却又趋于矛盾、对立和分裂的趋势。具体地说，各个国家民族资本主义的发展，

---

〔1〕《马克思恩格斯选集》（第3卷），人民出版社2012年版，第665~666页。

〔2〕［英］拉尔夫·密利本德：《马克思主义与政治学》，黄子都译，商务印书馆1984年版，第106页。

〔3〕《马克思恩格斯选集》（第1卷），人民出版社2012年版，第404页。

都与其国家权力的运行密不可分，掌握国家权力的人所采取的行动，虽然经常是打着"民族利益"等旗号，而且这些掌握国家权力的人，在作出决策和行动时，未必能够确定地意识到自己发展资本主义的使命和目的，但是在密里本德看来，国家的国际方面的职能都与"推进民族商业利益"的目的是相容而一致的。

对于多国公司在许多国家中的出现这一事实对资本主义国家职能的影响方面，密里本德认为也可以这样解读，那就是多国公司之所以被称为"多国公司"，并非是由于这些公司是由多个不同的国家拥有所有权和控制权，而是因为这些公司往往由一个资本主义国家所在的公司所控制，其中数目最多的是美国公司，它们在世界多地都设有分公司，因此，这些公司才被称为"多国公司"。多国公司的出现，不是削弱而是在一定程度上加强了马克思主义国家理论的基本观点，即资本主义的强制力作用不仅体现在国内部分，而且还延伸到国际领域。多国公司及其背后的政府，对民族国家的决策和行动选择会产生很大的影响，有时候，这种影响和作用甚至是决定性的；另一方面，民族国家中多国公司等资本主义利益集团，在国家发展民族资本主义的过程中显得日益重要。

当然，在当今，即便是资本主义社会中的国家，其职能也是多向度、全方位的，密里本德在对国家职能进行归纳时，主要是就其主要的方面和职能而言的。而且，在对资本主义社会的国家职能进行的阐释中，密里本德有其侧重点，即其一方面侧重于对资本主义国家的批判，另一个侧重点是对国家职能的解读，是以马克思主义为基本的框架和视角的。这两个侧重点相互交融、密不可分。这样做的一个结果是，其在更具体、更专门的角度和意义上发展了马克思主义的国家理论，但另一方

面，也凸显出其分析倾向性、意识形态性的浓厚，虽然其在
《马克思主义与政治学》的前言中，声称自己是对马克思主义政
治学中的重要问题进行"介绍"，但是很显然，这种介绍是带有
作者自身的鲜明立场的介绍。这个特点在其阐释资本主义国家
的具体作用中体现出来。

　　客观地说，正如杰索普所总结的那样，密里本德的国家理
论从方法论的角度而言，是立足于经验主义之上的结构—功能
主义的，他在一定程度上过分强调了资本主义国家的共性特点，
并没有对资本主义社会中国家的不同类型进行具体的细分和分
析，对资本主义的不同国家类型关注不够，因此，当年的密里
本德—普兰查斯之争，一定程度上就成了"聋子之间的对话"。
实际上，如果能够把二者的研究角度和方法结合起来，完全可
以有新的、更为具体的理论发现和成果。[1]

　　（三）国家的本质

　　首先，需要关注的是，密里本德"工具主义"国家理论的
历史和理论背景。20 世纪五六十年代，几乎所有的发达资本主
义国家都延续了第二次世界大战前美国所采取的凯恩斯主义经
济政策，并且开始在广泛的社会领域，实行了大规模的社会福
利和社会保障政策，继而引起了发达资本主义社会广泛的社会
变化，比如阶级问题、民主问题、平等问题、国家问题等，这
呈现出与第二次世界大战前完全不同的态势。在这种情形下，
一些政治学、社会学、哲学等理论都对马克思主义的基本理论
进行了批判和颠覆，各种认为马克思主义理论已经过时的观念
和观点甚嚣尘上，其中最为典型的理论有民主多元论、阶级消
失论、全民国家论等。在这种情况下，亟需运用马克思主义经

---

　　〔1〕　何子英、郁建兴：《国家的形式充分性与功能充分性——杰索普"资本主
义国家类型"理论述评》，载《思想战线》2009 年第 3 期。

典理论，对发达资本主义社会的社会现实进行分析，以证明经典马克思主义基本理论的正确性、适应性。密里本德的国家理论就是在这种历史背景下产生的。

密里本德对民主多元论、阶级消失论等观点的看法，已经在上文中进行过梳理。还有一种与上述理论相关的观点，就是全民国家论。全民国家论的基本观点就是现代资本主义国家已经不再是统治阶级进行阶级统治的工具，在福利国家背景下，国家已经成为代表全体社会成员普遍利益的代表，也就是说，国家已经成为维护、保障社会全体成员共同利益的共同代表。对此，密里本德首先对资本主义社会的国家进行了明确的表达，那就是重申马克思在《共产党宣言》中对资本主义国家基本性质的判定，即"现代的国家政权不过是管理整个资产阶级的共同事务的委员会罢了"〔1〕。在《资本主义社会的国家》中，绝大部分的内容都是对这一基本观点的阐释。

首先，正如上文所述，密里本德对国家的具体指向进行了界定。因为对于"什么是国家"这一问题学界讨论热烈，许多理论家都对国家的基本概念进行过界定。比如韦伯就认为国家首先意味着在一定的范围内合法地垄断暴力的权力。密里本德认为，"国家"是一个实在存在的实体，而并非什么虚幻的、缥缈的东西，国家的"本体是由一系列特殊机构共同构成的，它们的相互作用构成了可被称为'国家制度'的要素"〔2〕因此，从某种角度上来讲，国家就是指在一国政治制度范围内形成的具体的国家机构体系，包括政府、行政机构、以军队、警察和保安为核心的"国家强制性机构"、司法机构、各种次中央政府

---

〔1〕《马克思恩格斯选集》（第1卷），人民出版社2012年版，第402页。

〔2〕［英］拉尔夫·密里本德：《资本主义社会的国家》，沈汉、陈祖洲、蔡玲译，商务印书馆1997年版，第54页。

机构、代议制机构（议会）。密里本德认为，正是这些具体的机关，组成了一个完整的国家机构体系，考察国家的性质和本质，就是要从这些国家机关的组成人员的结构、人员来源、人员的思想意识形态、人员的行为以及国家机关的行为、制度等诸方面着手，总体来讲，就是要考察国家机关的行为目的、行为动机、国家与统治阶级以及被统治阶级的关系等，通过这些具体的、个案的分析，来说明国家行为的动机、目的、国家的功能和性质。

其次，针对资本主义国家是资产阶级的统治工具的问题，有一种传统的资产阶级理论观点认为，资本家从整体来讲，"他肯定没有丝毫神秘的魅力，这种魅力正是统治他人所必要的东西。证券交易所是圣盘的蹩脚代替品。我们见到过工业家和商人（只要他们是企业家）也完成领导任务。但这种类型的经济领导不可能像中世纪领主的军事领导那样，上升为国家的领导。相反，分类账和成本计算吸引他们的注意力和限制他们的发展。"[1]因此，资本家对国家的治理行为总是陌生而疏远的，具体而言，一个精明的企业家在担任国家机关公职时，经常会表现得不知所措、毫无自信，为了避免这种尴尬，绝大多数的企业家宁愿远离政治，也不愿意去国家机关担任公职。法国著名的社会学家雷蒙德·阿隆（Raymond Aron）教授也表达了类似的观点，即便是资本家本人，也经常倾向于把所有相关的问题进行"非政治化"的讨论，以此来证明资本家阶级与政治以及国家机关之间的疏离关系。密里本德对这一类观点进行了否定和批判，他指出所有关于资本家"远离政治"的观点都是与现实极为不相符的，事实上，几乎在资本主义国家不同时期的政

---

〔1〕 ［美］约瑟夫·熊彼特:《资本主义、社会主义与民主》，吴良健译，商务印书馆 2011 年版，第 218 页。

府构成中，资本家阶级成员都是内阁和政府的重要组成部分。
"在美国，从1889年到1949年，实业家事实上是内阁中惟一最大的职业集团，在这些年代里，内阁成员人数的60%是这种或那种实业界人士。在1953年到1961年的艾森豪威尔时期，美国内阁中企业家的人数并非不突出。至于说到1886年到1950年英国内阁成员，包括邦纳·劳、鲍德温和张伯伦这三位英国首相在内，将近三分之一的人是实业家。在1951年至1964年保守党内阁执政期间，实业家的代表也根本不在少数。"[1]同时，通过一系列的现象观察和数据统计，也可以发现，资本家的人员参与和渗透，不仅体现在政府里面，就是上述的除了政府以外的其他国家机构也是资本家"不断渗透的领地"。

再次，根据马克斯·韦伯的官僚制理论，官僚制的倾向是指通过一种社会淡化过程，消灭阶级特权，国家的官职不是根据行政手段和特权，而是根据"荣誉和财富"来取得。这样，通过教育等社会化手段，能够形成一种自下而上的社会流动，普遍而广泛的社会流动能够缩小阶级差别，促进阶级平等。在密里本德看来，社会淡化机制不仅可以通过教育、考试、竞聘等手段来进行，即便是通过民主程序的选举进行的社会淡化过程，也没有改变重要的国家公职人员的阶级性，"这种淡化实际上并没有影响国家公职人员的阶级特征而实际上可能加强了它"。与其说这是社会身份的一种阶级淡化过程，还不如说这是中产阶级以及下层阶级成员资产阶级化的过程，何况这种资产阶级化的范围是非常有限的，远没有形成一种普遍的、常规的社会现象。

最后，从资本主义社会的国家中的政府和雇员的意向和客

---

〔1〕〔英〕拉尔夫·密里本德：《资本主义社会的国家》，沈汉、陈祖洲、蔡玲译，商务印书馆1997年版，第61~62页。

观所起的作用方面，也完全可以看出政府就是资本主义利益的代言人和代理人。从资本主义国家的一些政治表象来看，那是一幅党派林立、言论自由、竞争激烈的政治景象，但如果通过资本主义社会令人眼花缭乱的政治现象，来分析深藏于其中的政治本质，就可以看出，虽然在资本主义社会，各种政治观点竞争激烈、执政党和反对党之间针锋相对，但是实际上，他们在根本的问题上，却有着基本一致的价值观和政治倾向。"这一点也没有超出一部平淡的政治史的内容，这些国家的政府几乎始终是由超越了政治、社会、宗教、文化和其他差异与不同的人组成，但他们至少说对于资本主义制度的合法性和优点有着一种共同的基本的明确的信念，尽管他们未必这么说。"[1]对打算彻底颠覆资本主义根本制度的社会主义，他们的观点惊人的一致。在资本主义国家统治的现实中，似乎存在一种悖论，那就是国家经常会扮演资本主义企业和资本家的反对者，国家总是会采取一些积极的干预措施，比如通过立法增加税收、监督资本主义企业的基本运营、坚决地反对垄断、采取各种形式保护中小企业，等等，从表面上看，国家的这些行为都是与资本主义精神背道而驰的，因此，有相当一部分人们的观点就认为，这是不受根本限制的官僚制的可怕进化，官僚制的不断成长会阻碍社会的良性发展。对此，密里本德认为，官僚制的发展是一个方面，但它对于资本主义制度而言，却是一把双刃剑，"在资本主义国家中，把注意力集中在官僚主义的罪恶上则掩盖了（时常具有掩盖的倾向）这样的事实，即'官僚主义的'干预

---

〔1〕［英］拉尔夫·密里本德：《资本主义社会的国家》，沈汉、陈祖洲、蔡玲译，商务印书馆 1997 年版，第 75 页。

时常是减轻无限制的经济权力产生的罪恶的一种手段。"[1]而且，从根本的利益角度考察，就会发现资本主义国家所做出的各种行为、所采取的各种行动，都是有利于资本主义企业的长远利益的。

综上所述，无论从资本主义社会中的国家的人员结构、内部基本精神还是外部行动等方面来看，资本主义国家确实是资产阶级阶级统治的工具，即"现代的国家政权不过是管理整个资产阶级的共同事务的委员会罢了"。从而，密里本德通过一部完整、系统的国家理论著作，充分论证了资本主义国家的阶级性质。

而且，在这本著作的最后，密里本德进一步探讨了资本主义社会中阶级统治合法化的问题，密里本德认为，在资本主义社会中，阶级统治的合法化是一个长期的、动态的、全面的过程和进程。在这个过程中，统治阶级不仅要依靠各种强制性手段和措施，同时还要依靠一种"政治社会化"的机制。在政治社会化的过程中，大量的社会主体通过各种手段和方式比如灌输、说服、同意、思想控制等发挥了重要的作用，而且即便是在这个主要不是依靠强力来完成的合法化过程中，"自由的宪政国家在'政治社会化'过程中起了比以前更重要的作用"[2]。

二、聚焦国家自主性视域

密里本德对国家理论的贡献，不仅在于揭示资本主义国家的本质上，可以说他一直保持着对国家问题的研究兴趣。在密

〔1〕〔英〕拉尔夫·密里本德：《资本主义社会的国家》，沈汉、陈祖洲、蔡玲译，商务印书馆1997年版，第83页。

〔2〕〔英〕拉尔夫·密里本德：《资本主义社会的国家》，沈汉、陈祖洲、蔡玲译，商务印书馆1997年版，第186页。

里本德—普兰查斯之争发生后，密里本德也多次对国家自主性问题进行过分析。

（一）回眸密里本德—普兰查斯之争

1969 年密里本德的《资本主义社会的国家》出版以后，普兰查斯写了一篇论文《资本主义国家的问题》，发表在 1969 年 11—12 月份的《新左派评论》第 58 期上，该论文对《资本主义社会的国家》进行了专门的评介，随后密里本德写了一篇回应性的论文，进行答复和讨论；1973 年，普兰查斯的代表作《政治权力与社会阶级》的英文版出版，密里本德写了一篇论文进行评价，即发表在 1973 年 11—12 月份第 82 期的《新左派评论》上的《普兰查斯与资本主义国家》。后来，针对密里本德的这篇论文和拉克劳的一篇文章，普兰查斯写了两篇回应性论文《政治的特殊性：围绕普兰查斯—密里本德之争》和《资本主义社会的国家：答密里本德和拉克劳》，前一篇首先发表在《经济与社会》1975 年 2 月的第 5 卷第 1 期上，后又收录在拉克劳主编的《马克思主义理论中的政治与意识形态》（1977，伦敦）中，后一篇发表在 1976 年 1—2 月份的《新左派评论》第 95 期上。这样，围绕与国家的相关问题，密里本德和普兰查斯进行了针锋相对的辩论，而且这一场辩论收到了大量的关注与广泛的参与，这场争论在政治思想史上被称为"密里本德—普兰查斯之争"。在这场争论中，密里本德的国家理论被称为"工具主义"国家观，而普兰查斯的国家理论被称为"结构主义"国家观。不过，人们对二人观点的总结，在密里本德看来，有一些"过度简化主义"倾向。[1]其实，二人之间的分歧不仅体现在他们所发表的几篇论文之中，其中还有更多的不同之处体现在

---

〔1〕　Ralph Miliband, *The Capitalist State-Class Power and State Power*, London: Verso, 1983, p. 26.

他们各自所写的著作之中。

在密里本德的《资本主义社会的国家》出版前后，来自希腊、定居法国的结构主义政治学家尼科斯·普兰查斯出版了一本在主题上比较类似的著作，即《政治权力与社会阶级》。人们认为这两本书存在着相似之处，主要是因为二者都讨论了基本的政治现象——国家的相关问题，另外，两者运用的主要思想基础都是马克思主义的相关观点。但是，毫无疑问，二者之间也存在着明显的差异之处，其一是二者在主要的思维方式上面不同，密里本德主要是经验主义的研究方式，而普兰查斯作为阿尔都塞的得意门生，主要运用的是结构主义的研究方式。其二是在一些相关问题的主要观点上，存在明显的差异。密里本德倾向于经典马克思主义关于国家本质的认识，认为资本主义国家是资产阶级阶级统治的工具，普兰查斯对这一观点却不屑一顾、嗤之以鼻。比如对于统治阶级这一基本概念，在密里本德的著作里，是最为基本的一个概念，但是在普兰查斯的《政治权力与社会阶级》这本政治学著作中，却在很大程度上是不能够成立的概念，普兰查斯说："首先，我将考察一下对统治阶级这一概念的批评。这种学说认为，阶级概念只是适用于经济方面，而统治概念则只适用于政治方面，因此，如加以不适当的引申，就不可避免地会出现这样的情况，即统治阶级概念意味着经济上统治的阶级就是政治上统治的阶级。实际上，在上文（见第一编第二章第一节）我说明了在什么意义上说阶级概念只是包括代理人与生产关系之间的关系，是完全不正确的，而它指的是在社会关系领域中结构整体的影响。我也指出过（见前文第一编第三章第一节）权力和统治概念，在于阶级概念的关系中，绝不只是包含政治结构方面，而且也包括了社会关系领域的

整体，就是经济、政治和意识形态的阶级实践。"〔1〕除此之外，
密里本德与普兰查斯的国家理论，还存在着一系列基本的不同
和对具体问题看法的不同，当年二人就这些基本问题和细节问
题发生过影响广泛的辩论，当年的那几场争论，被人们称作
"密里本德—普兰查斯之争"。

　　然而，虽然当年的争论表面上看来，仿佛二人的观点针锋
相对、互不相让。但是总结起来争议焦点还是现代资本主义国
家的基本性质问题，正如前文所述，密里本德始终认为资本主
义国家是资产阶级统治工具的观点，他认为这是问题的基本点
和基本面，但是普兰查斯却认为资本主义国家绝不仅仅是资产
阶级的统治工具，相反，资产阶级国家具有极大的自主性，资
本主义社会国家的极大自主性是对资本主义国家性质的另外一
种解读视角。与密里本德对现代资本主义国家的社会功能的解
读不同，普兰查斯认为，实践中国家对被统治阶级利益的保护，
并不能看成是国家对统治阶级利益的一种根本保护方式，"国家
总的来说只是统治阶级的一种简单工具这一甚至整个错误的概
念，对于理解资本主义国家作用，是毫无用处的。"〔2〕"这只不
过说明国家并不是一个阶级工具，而毋宁说是划分成阶级社会
的国家。"〔3〕这就是说，普兰查斯是从另外一种角度和意义上来
解读这种现象，而不是从"统治工具论"的角度进行分析，这
另外一个角度就是"国家自主性"角度。正如德拉康帕涅所评
价的那样："从《政治权力与社会阶级》到《国家、政权与社

　　〔1〕［希腊］尼科斯·波朗查斯：《政治权力与社会阶级》，叶林、王宏周、马
清文译，中国社会科学出版社1982年版，第376页。
　　〔2〕［希腊］尼科斯·波朗查斯：《政治权力与社会阶级》，叶林、王宏周、马
清文译，中国社会科学出版社1982年版，第285页。
　　〔3〕［希腊］尼科斯·波朗查斯：《政治权力与社会阶级》，叶林、王宏周、马
清文译，中国社会科学出版社1982年版，第208页。

会主义》，普兰查斯实际上在不断加深他对政治权力的分析。他继阿尔都塞之后提出这样的原则：国家不可能是一种完全独立的权力，因此应该在经济方面寻找它的基础。然而，为了不致陷入经济主义的泥潭，他借助于'多元决定作用'的概念来考察这种'相对自主性'。按照他的看法，这种'相对自主性'正是国家权力机构的特点。"[1]

总的来说，普兰查斯所认同的国家自主性，在很多方面都有体现，简单归纳主要体现在以下几个观点上，其一是社会政治关系相对于社会经济关系等，具有特殊的独立性。其二是"资本主义国家代表着一种孤立的统一"[2]，因为"这种人民的国家是用制度固定下来的'公民'或'个人'的总体，资本主义国家代表它的统一，而其真正基础恰恰是体现资本主义生产方式的社会经济关系孤立的结果"[3]。其三是现代资本主义国家行动的最重要依据之一，即国家法律体系的完整性和独立性等。这些独立性从总体上影响着国家的行为也具有很大的自主性和独立性。

其实，对于国家自主性问题，密里本德本人也是承认的。在《资本主义社会的国家》出版以后，经过与普兰查斯的几番争论，密里本德开始注意到《资本主义社会的国家》对国家自主性问题研究的薄弱，转而开始关注国家自主性问题。在其以后的几本著作，即《马克思主义与政治学》《英国资本主义民主制》中，密里本德也对国家自主性的表现进行了论述，而且在

---

〔1〕［法］德拉康帕涅：《略论尼科斯·波朗查斯》，载法国《世界报》1979年10月5日。转引自《国外社会科学动态》1980年第2期。

〔2〕江红义：《国家自主性理论的逻辑——关于马克思、波朗查斯与密里本德的比较分析》，知识产权出版社2011年版，第119页。

〔3〕［希腊］尼科斯·波朗查斯：《政治权力与社会阶级》，叶林、王宏周、马清文译，中国社会科学出版社1982年版，第141页。

论述的同时，密里本德依然强调"国家工具主义"的基本性。

纵观密里本德和普兰查斯对相关国家问题的基本观点和争论，可以发现，二人在根本的问题上并不存在无法调和的矛盾和差异，相反，普兰查斯之所以坚决反对"国家工具论"，主要是由于他对马克思主义饱受"经济主义"诟病的担忧，为了使自己对马克思主义的解读不致落入"经济主义"的窠臼，普兰查斯坚决拒斥了"国家工具论"观点。另一方面，密里本德也不是完全反对普兰查斯的观点，包括后者的结构主义思维方法，密里本德在之后的研究中，也不时提到。

对于密里本德与普兰查斯当年的那场争论，人们的观点和评价不一，当代西方著名的国家理论研究学者鲍勃·杰索普（Bob Jessop）就在其 1982 年出版的《资本主义国家：马克思主义的理论和方法》中认为，密里本德的工具主义国家理论从表面上看，仿佛是对马克思主义国家理论的继承和发展，但是仔细审视，却可以发现许多其对马克思主义国家理论当代适用性的否定，因此对其需要重新评价。

在这个问题上，正如密里本德的学生列奥·潘尼奇（Leo Panitch）所指出的那样："对于我们而言，如同汤普森、威廉斯一样，密里本德所实践的是一种富有想象力的、开放的马克思主义，这使我们获益匪浅。当代许多人指责认为，经济主义、决定论或者极权主义是马克思主义的理论和实践所固有的东西，而密里本德的实践则证明，这些不过是最拙劣的陈词滥调、最粗鲁的滑稽模仿的一种复归。"[1]

（二）关于国家自主性问题的基本观点

虽然当年密里本德和普兰查斯的那场争论，到了最后都带上

---

〔1〕　张亮编：《英国新左派思想家》，江苏人民出版社 2010 年版，第 146 页。

了各自的情绪，但是在若干年后的 1983 年，密里本德借自己的论文集《阶级权力和国家权力》出版之际，对当年那场争论对自己的影响进行了客观的总结，即他"从中确实获得了很多"[1]，这其中就包括他对国家自主性问题的系统思考和总结。

另外，这一点在密里本德的《资本主义社会的国家》和《马克思主义与政治学》这两本著作中，也可以得到很鲜明的体现：在前一本著作中，密里本德几乎没有提到国家自主性问题，整本著作几乎都是"国家工具论"的论述；而在后一本著作中，密里本德不仅多次提到了"国家自主性"，而且在其中专门用了很大的篇幅来讨论国家自主性问题。那么，对密里本德而言，国家自主性到底具有什么样的内涵和意义呢？

首先，密里本德认为，国家自主性问题是国家理论里的重要问题，如果不理解、不关注、不研究国家自主性，就不能对现实中的许多现象加以解释和分析，这样也就会导致马克思主义国家理论乃至政治理论的不完整和陈旧，引起人们对马克思主义的更多怀疑与否定。

其次，密里本德还对"国家工具主义"进行了总结和反思，他认为"国家工具论"总结起来，主要有三个理论支撑点：其一是领导成员的来源和性质；其二是资本主义社会经济上占统治地位的阶级所施加的压力；其三是国家所处的具体环境条件和生产方式所施加的结构上的强制力角度。然而，密里本德认为，"国家工具论"的表述和观点容易引起人们质疑的一点就在于，这样的结论无法对发生在现实中的一些政治现象提供充分的说明和解释，尤其不能说明国家有时候或者经常会采取一些违背统治阶级意志和利益的行动这一客观事实。密里本德强调，

〔1〕 Ralph Miliband, *The Capitalist State - Class Power and State Power*, London: Verso, 1983, p.26.

如果打算对这一现象进行充分的解释，就必然需要进一步关注和分析国家自主性问题。

那么，什么是国家自主性呢？普兰查斯在《政治权力与社会阶级》中认为，国家自主性"指的国家对阶级斗争领域的关系，特别是其针对权力集团的阶级和派别的相对自主性，并扩大到针对权力集团的同盟和支持力量的相对自主性"〔1〕。对于国家自主性的这一理解，密里本德的观点与其几乎一致，他认为，国家自主性可以等同于国家独立性，也就是国家相对于统治阶级和一般的公民社会而言，具有很大的独立性。也就是说，国家有时候、甚至经常会与统治阶级不一致，甚至会站在统治阶级的反面和对立面，去颁布一些法令并进行日常的行为选择。

国家自主性首先体现在国家形式的相对独立性。第二次世界大战之前以及之后，许多马克思主义者都注意到在资本主义社会的历史进程中，曾经出现过不同类型的资本主义国家，有马克思恩格斯时代的波拿巴主义国家，有美国式的资产阶级民主国家，还有第二次世界大战时期的法西斯主义国家和纳粹主义国家，等等。可见，即便同样是资本主义社会，由于不同的历史、传统、文化以及所面临的现实问题的不同，资本主义社会也可以产生不同类型的国家形式。

首先，密里本德指出，许多马克思主义者在这一问题上所犯的一个错误表现为：经常是不加区分地看待不同的国家类型，即他们往往会认为，无论是资产阶级民主国家，还是各种极权主义国家，它们本质上都是资产阶级专政的国家，因此再无对其进行进一步细分的必要。类似的态度和观点不仅发生在国家问题上，而且还发生在许多其他的基本问题上。在密里本德看

〔1〕　[希腊] 尼科斯·波朗查斯：《政治权力与社会阶级》，叶林、王宏周、马清文译，中国社会科学出版社1982年版，第227页。

来，这种看法和态度极为有害。那么为什么会产生这样的认识态度和认识方式呢？密里本德认为，这与一些马克思主义者"害怕不这样看将使得对阶级局限性和资产阶级民主固有的缺点进行不妥协的批评更加困难，还由于害怕掩盖资产阶级民主在统治阶级的同意和鼓励下将变成极权主义的或法西斯的政权这一事实，因此更加想要使这一区别模糊不清。"〔1〕

其次，国家具有自主性的第二个表现是，资本主义社会的国家，具有担任重要的改良机构的属性和能力。而国家履行改良的职责和任务，势必要求国家具有相当程度的自主性。恩格斯在《家庭、私有制和国家的起源》中指出："但也例外地有这样的时期，那时互相斗争的各阶级达到了这样势均力敌的地步，以致国家权力作为表面上的调停人而暂时得到了对于两个阶级的某种独立性。"〔2〕密里本德认为，恩格斯这一论述，多少有些背离马克思主义的经典理论，即对国家的阶级性强调不够，似乎历史上能够出现"为国家的国家"。密里本德认为，对国家自主性的强调，并不减损国家的阶级性质，正好相反，正是由于国家具有自主性，才能够使其更好地履行阶级统治工具任务；另一方面，如果国家仅仅是"统治阶级工具"，那它就可能受到许多不可避免的限制，也就不能很好地履行其社会改良的职能了。因此，基于国家的功能和职责，必须赋予国家相当程度的自主性。

最后，密里本德认为，国家的自主性，并非是一种抽象的概念和视角，它是通过国家的职能体现出来的。无论是国家的对内职能，还是对外职能，无论是经济职能，还是政治职能、

〔1〕 ［英］拉尔夫·密利本德：《马克思主义与政治学》，黄子都译，商务印书馆1984年版，第90页。

〔2〕 《马克思恩格斯选集》（第4卷），人民出版社2012年版，第189页。

文化职能，都体现出了国家地位、作用的特殊性，而在这种特殊性中，也展现出了国家的自主性。

这样，密里本德在《马克思主义与政治学》中，重新反思、修正了自己在《资本主义社会的国家》中所提出的关于国家的基本观点，并对国家自主性问题进行了较为系统、完整的论述。

三、社会主义社会的国家建构

显然，密里本德对国家问题的研究，首先是聚焦于对资本主义社会中的国家的审视和批判，其次是对社会主义社会中的相关国家问题进行分析和探索。

（一）社会主义社会国家的地位和作用

按照经典马克思主义国家理论的基本观点，国家从本质上是阶级统治的工具，是社会中阶级矛盾发展到不可调和的阶段的产物；国家随着阶级的产生而产生，随着阶级的消亡而消亡。在这里，关键的问题是，在打碎资产阶级国家机器、建立了社会主义制度以后，国家是否还应当继续存在，应当以什么样的方式存在，它应当发挥何种作用和功能？密里本德认为，这些问题，不仅需要从经典马克思主义的著作里寻找答案，而且需要面对具体的客观现实，进行针对性的分析。

在普兰查斯看来，资本主义国家不同于以往的专制类型的国家，资本主义国家是民主化、制度化了的体系结构，它具有自由、平等、责任和法治的表面特征，这样，从表面特征上看，"现代资本主义国家代表整个社会普遍利益的体现，即表达整个'国家'的意愿。"[1]同时，资本主义国家的上述特征并非是一

---

[1]　[希腊] 尼科斯·波朗查斯：《政治权力与社会阶级》，叶林、王宏周、马清文译，中国社会科学出版社1982年版，第130页。

种简单的意识形态体系，"它们也涉及资本主义生产方式的一个部门方面，那就是国家的法律政治环节，即包括议员代表制、政治自由、普选、大众主权，等等。"[1]资本主义意识形态在国家作用的发挥中起着基本的作用，但是并不能对其进行简单化理解，不能把其与资本主义的结构与功能进行等同理解。

按照黑格尔的理解，国家和市民社会是不同的事物和对象，二者不能混淆和混同；同时，国家是市民社会的前提和基础，市民社会"作为差别的阶段，它必须以国家为前提，而为了巩固地存在，它也必须有一个国家作为独立的东西在它面前"[2]。黑格尔基于自己所处时代的具体要求和理解，把国家的地位和作用提升到了一个很高的程度，"国家是客观精神，所以个人本身只有成为国家成员才具有客观性、真理性和伦理性"[3]。

经典马克思主义也认为，市民社会与国家是相互分离的，但是其对二者之间的相互关系的理解却与黑格尔相反，马克思主义认为市民社会是国家的前提和基础，而不是相反。马克思在《〈黑格尔法哲学批判〉导言》里说，"德国的法哲学和国家哲学是唯一与正式的当代现实保持在同等水平上的德国历史"[4]。马克思指出，德国的国家理论依然是一种思辨的法哲学，然而这种思辨哲学正是现实的反映，虽然"德国人那种置现实的人于不顾的关于现代国家的思想形象之所以可能产生，也只是因为现代国家本身置现实的人于不顾，或者只凭虚构的方式满足

---

〔1〕［希腊］尼科斯·波朗查斯：《政治权力与社会阶级》，叶林、王宏周、马清文译，中国社会科学出版社1982年版，第130页。

〔2〕［德］黑格尔：《法哲学原理：或自然法和国家学纲要》，范扬、张企泰译，商务印书馆1961年版，第197页。

〔3〕［德］黑格尔：《法哲学原理：或自然法和国家学纲要》，范扬、张企泰译，商务印书馆1961年版，第254页。

〔4〕《马克思恩格斯选集》（第1卷），人民出版社2012年版，第7页。

整个的人。"[1]

密里本德继承了经典马克思主义关于国家的基本思想。他也认为社会和国家是不同的事物，两者具有不同的结构和内容，也遵循不同的组织和活动原则。国家是一个脱离市民社会的实体，两者之间存在着一定的距离，因此它们之间也是一种脱离的关系。国家与市民社会的脱离关系，直到国家消亡时才会消失。然而，国家的消亡，并非一时能够完成，它还需要阶级的最终消灭，同时还需要具备其他条件。[2]

因此，在社会主义社会，依然需要国家的长期存在。因为对于新成立的社会主义政府而言，它还面临着大量的现实问题需要处理。这些问题主要包括经济问题、政治问题、文化问题等综合性、具体性问题，也包括新成立的社会主义政府需要迫切面对的敌对阶级对社会主义事业的仇视和破坏问题，还有新政权的巩固问题，同时还要充分动员社会力量，凝聚社会主义共识，等等，这些都需要一个强有力的国家政权和政府来部署、安排、动员和组织，从而保障社会主义事业不被破坏，并能够顺利推进。总之，国家"在组织从资本主义社会向社会主义社会转变的进程中是绝对必需的"[3]。

（二）用民主规约国家的本质

马克斯·韦伯曾在禁欲的理性主义的角度上对现代社会的官僚体制进行过细致的分析。韦伯认为，禁欲的理性主义反映在社会群体方面，就是对社会群体的组织类型和功能类型产生

---

〔1〕《马克思恩格斯选集》（第1卷），人民出版社2012年版，第9页。

〔2〕［英］拉尔夫·密利本德：《马克思主义与政治学》，黄子都译，商务印书馆1984年版，第91页。

〔3〕［英］拉尔夫·密利本德：《马克思主义与政治学》，黄子都译，商务印书馆1984年版，第200页。

了重要的影响，即官僚组织的出现与发展。现代官僚制既有其理性的一面，比如它可以展现出一定的技术优先性和高效性，但是又有其悖论的一面，即其扼杀人的自主性、创造性，而且在很大程度上成为限制个人自由的方式和手段，"专家们失却了灵魂，纵情声色者丢掉了心肝；而这种空壳人还浮想着自己已经达到了一种史无前例的文明高度"[1]。在韦伯的著作里，他虽然也提供了克服官僚制弊端的途径，但整体上还是表现出对现代官僚制的悲观情绪。

对于官僚制，密里本德基本上是持有一种较为乐观、辩证和理性的态度。他认为官僚制在目前，无论对于左派还是右派而言，都类似于一个贬义词。右派认为官僚制意味着"干涉"和"低效率"，并且认为国家组织是典型的官僚组织，它倾向于干涉财产和商业，而企业是高效的，因为企业不是按照官僚组织类型组织的。密里本德认为这种观点是"对现实的一种歪曲"[2]。

至于左派对于官僚制的担忧，主要在于担心官僚制会破坏民主。在密里本德看来，尤其是经过现实中存在和运行过的、类似于苏联模式的社会主义对民主和权利破坏的经验，人们更是对官僚制和官僚主义谈虎色变。

但是密里本德认为官僚制所谓的"铁律"，并非不能克服，真正的问题在于应当寻找一种途径，建构有效的权力运作模式，这种模式就是民主。

密里本德认为，在社会主义社会，社会和国家是一致的，国家将由站在社会之上的国家变成服务于社会的国家，它给社

---

〔1〕 ［德］马克斯·韦伯：《新教伦理与资本主义精神》，马奇炎、陈婧译，北京大学出版社 2012 年版，第 184 页。

〔2〕 Ralph Miliband, *Socialism for A Sceptical Age*, Cambridge: Polity Press, 1984, p. 78.

会"带来一种真正民主的秩序，一个由男人和女人自己管理的真正自由的社会"〔1〕。

在《怀疑时代的社会主义》里，密里本德对社会主义国家的民主化原则进行了一个初步的勾描。他认为，社会主义社会中的国家，首先是按照民主的原则和体制组成的，这一方面要求其具有很大的权力和很强的执行力，同时要求它能够充分保障公民的民主和自由，同时在行使权力的过程中能够得到有力而有效的监督。也就是说，"问题是找到使得执行权强大而有限的路径"〔2〕。

社会主义的国家民主与资本主义国家的民主有本质的不同，正如密里本德一贯主张的观点，资本主义民主本是统治阶级迫于下层压力的一种结果，是一种无奈的选择，从一定意义上讲，它是一种消极而被动的民主。但是社会主义民主却是真正主动的、积极的民主，它尊重贯彻了人民主权原则，充分保障了人民的民主、权力和自由。在社会主义社会，"参与式民主"能够得到很好的落实，能够充分发挥普通人和基层组织的社会功能。

在单一制国家里，密里本德还赞成通过选举产生的地区和地方政权能够获得更大的授权，因为它们"能够比中央更好地代表他们的选民的利益和愿望"〔3〕。在社会主义国家里，也应当充分发挥法官的作用。同时，其立法机构无论是强还是弱，其议员的构成都应当是公平的，能够真实反映一次普选的投票结果。

---

〔1〕［英］拉尔夫·密里本德：《资本主义社会的国家》，沈汉、陈祖洲、蔡玲译，商务印书馆1997年版，第276页。

〔2〕 Ralph Miliband, *Socialism for A Sceptical Age*, Cambridge：Polity Press, 1984, p.74.

〔3〕 Ralph Miliband, *Socialism for A ScepticalAge*, Cambridge：Polity Press, 1984, p.80.

　　总之，在密里本德看来，国家体系的民主化，是整体的、全方位的。因此，他也同样强调国家的各个组成部分成员意识形态的一致性，即国家机构的组成人员应当具有一定的共识，也就是社会主义共识。

　　可见，密里本德力图通过国家领域全方位的民主设计和具体运行，从民主精神、民主原则、民主制度和民主机制等诸方面进行建构和完善，从而克服资本主义社会国家的缺陷以及国家作为巨型社会组织所出现的官僚化弊端，从而在本质上超越资本主义国家，从功能上弥补官僚组织的不足。

第六章
发达资本主义法权批判中的
理想社会建构

　　列奥·潘尼奇在自己所写的一篇对密里本德的追忆文章中，曾经准确地总结了密里本德学术研究的基本方式和主要内容，那就是"正本清源"和"奠定基础"，而且这两项工作密不可分，很多时候是同时进行的，是相互穿插、相互渗透的关系。纵观密里本德一生主要的学术作品以及主要的社会实践，发达资本主义法权批判与理想社会建构是其中最为根本的两极，可以说是其一生学术研究和社会实践的主要脉络和线索，构建理想社会的前提是资本主义法权批判，资本主义法权批判的目的是构建理想社会模式，那就是社会主义。

一、社会主义的合理性

　　具体而言，社会主义的合理性问题就是为什么不是资本主义、为什么是社会主义的问题。可以说，密里本德一生的探索，都是为了解决和回答这个问题。其无论是在 20 世纪五六十年代，英国工党政治影响力日渐强势、逐步成为英国政坛第二大政党的时候，还是在 20 世纪 70 年代末英国工党遭到挫败，此后长期一蹶不振的时候，抑或是在 20 世纪 80 年代末、90 年代初，世界上许多国家共产党纷纷垮台、社会主义事业陷入低谷的时候，许多左翼思想家都对社会主义事业表现出悲观无奈的情绪，甚至有相当一部分的左翼作者完全走向了左翼的对立面，不再对实现和建设社会主义心存向往，也不再认为社会主义制度是值得人类坚持追求的事业的时候，密里本德还是一如既往地探求在世界范围内，实现社会主义的必然性和可能性。

（一）为什么不是资本主义

英国工党在 1979 年的大选中大败，以后又接连在 1983 年、1987 年和 1992 年的英国大选中遭到失败，1983 年的失败甚至比 1979 年更为惨烈。1992 年工党大选失败后，工党领袖金诺克引咎辞职，接替他的工党领袖是史密斯，但史密斯却于 1994 年突然离世。此后，年仅 41 岁的布莱尔成为新的工党领袖。布莱尔面对工党在大选中的连连溃败，决心变革工党的理念，他宣称社会民主主义是"永恒的修正主义"，他认为英国工党并没有随着英国的现代化、全球化而现代化、全球化，所以，英国工党面临的主要任务是变革。布莱尔说："如果世界变了，而我们没有变革，那么我们对世界没有意义。我们的原则将不再是原则而只是僵化的教条。不进行变革的政党将会死亡，我们的政党是生机勃勃的政党，而非一座历史纪念碑。"[1]于是，工党提出了新的口号："新工党、新英国"，并提出了"第三条道路"的思想理念。对于"第三条道路"，布莱尔的重要智囊人物、英国著名的社会学家安东尼·吉登斯解释说："全球市场与知识经济的到来伴随着冷战的结束，已经使国家管理经济生活和扩大社会福利的能力受到影响。我们需要引入一个完全不同的框架，它既不是老左派所赞成的官僚主义的自上而下的政府管制，也不是右派所渴望的干脆取消政府管制。"[2]

---

〔1〕 〔英〕托尼·布莱尔：《新英国：我对一个年轻国家的展望》，曹振寰等译，世界知识出版社 1998 年版，第 59 页。
〔2〕 〔英〕安东尼·吉登斯：《第三条道路及其批评》，孙相东译，宫力校，中共中央党校出版社 2002 年版，第 2 页。

其实，对于密里本德寄予厚望的英国工党从传统追求社会主义上的转向，在很早以前就有迹可循。为此，密里本德在不同时期都曾经写过不同的文章进行反驳，从较早时期的《英国的新修正主义》到1993年他去世前所写的最后一本著作《怀疑时代的社会主义》，都是对这类问题的批判和理论回应，尤其是《怀疑时代的社会主义》，更是对其一生社会主义追求的系统性总结。这正如他的学生列奥·潘尼奇在同一篇文章中所评价的那样："也许比我们这个时代的其他知识分子贡献更多的是，拉尔夫·密里本德一直致力于证明保有真正民主的社会主义制度前景的必然性，并通过建构一种替代共产主义和社会民主主义的新社会主义，探寻促进这种制度实现的可能性。""即便是遭到诸多政治失败以及近年来左派知识分子遭到谩骂、纷纷逃避的情况下，他仍然坚定不移地坚持这种主张。"[1]

那么，是什么原因使得密里本德如此坚守自己的社会主义信念呢？那是由于密里本德始终坚信资本主义制度是应当彻底被替代的制度，而社会主义制度则是这种替代的最好选择。

对于资本主义为什么是应当完全被替代的社会制度，密里本德曾经从不同角度做出过具体论证。总结起来，主要有以下几个理由。一方面，资本主义不是科学的社会制度，在资本主义体制下，按照市场法则建立的社会资源配置机制，并不能够实现社会资源的合理、公平配置，反而，它造成了极大的社会破坏，资源浪费、环境污染、浪费严重、贫富分化、不平等现象急剧加速、通货膨胀加速、经济增长缓慢、工人大量失业，现实中，人们都倾向于从经济学、数量学、统计学等技术性环节和角度上来寻找这些问题的根源，比如根据西方经济学的原

---

〔1〕　张亮编：《英国新左派思想家》，江苏人民出版社2010年版，第147页。

理，一般通货膨胀与经济增长是一种正比关系，在这种理念支撑下，政府和专家都倾向于把通货膨胀、物价上涨看成是正常的现象，是促进经济持续增长的必然代价，完全没有考虑环境的承受力、资源的有限性，或者没有从全球性的整体意义上来考虑这些问题，从而导致发达国家对发展中国家的资源掠夺、环境破坏等不良后果，而发展中国家的资源损耗、环境污染等恶果反过来又阻碍发展中国家的良性发展。这样，在资本主义权力体系的控制下，全世界都卷入了资本主义体系的发展模式之中，这样的结果不是全球化的发展，而是全球性的灾难。造成这一切的原因完全是："资本主义社会，利润的驱动成为破坏环境的主要因素。与其他领域一样，系统的本质迫使其把利润以外的东西都按照次要的东西来对待。"〔1〕而一个具体的国家，乃至全世界的国家，要解决上述问题，密里本德认为，在资本主义体系下，几乎是不可能的，"然而，真正的问题不在于污染的事实，资源的稀缺或人口过剩，而是受资本主义规则掌控的世界在多大程度上能够解决这些问题。在这方面，悲观情绪有一定的合理性。"〔2〕

另一方面，资本主义制度不仅不是科学的社会制度，而且还是不道德的社会制度。马克思在《共产党宣言》当中，曾经大力赞扬过资产阶级在历史上的进步作用，从生产力发展史的角度而言，尤其如此。"资产阶级在它的不到一百年的阶级统治中所创造的生产力，比过去一切世代创造的全部生产力还要多，还要大"。〔3〕但随着历史的轮回，经过"类似的运动"，"资产

---

〔1〕 Ralph Miliband, "The Plausibility of Socialism", *New Left Review*, 4（1994），p. 206.

〔2〕 Ralph Miliband, "The Plausibility of Socialism", *New Left Review*, 4（1994），p. 206.

〔3〕《马克思恩格斯选集》（第1卷），人民出版社2012年版，第405页。

阶级的生产关系和交换关系，资产阶级的所有制关系，这个曾经仿佛用法术创造了如此庞大的生产资料和交换手段的现代资产阶级社会，现在像一个魔法师一样不能再支配自己用法术呼唤出来的魔鬼了。"〔1〕也就是说，资本主义生产关系在某个历史阶段一定会成为生产力发展的桎梏。密里本德认为，这个观点虽然经常受到别有用心的人们的诟病，单纯从物质生产能力来说，马克思的这个预言目前还尚未发生，而且，客观地讲，资本主义在改善人们的生活条件方面，确实取得了巨大的进步，但是，从本质上而言，资本主义却具有统治与剥削的根本特征，因而，"从人的本性来讲，资本主义社会是极其不道德的社会，迄今为止，它本质上具有统治和剥削的特点，这决定性地影响着人际关系。"〔2〕

在密里本德看来，资本主义的反道德本性不仅仅在于资本主义社会中人与人之间的统治与剥削关系，以及受此关系约束和决定的其他的各种人际关系的异化。而且还在于，资本主义制度是产生大量的社会不良现象的根源，贩毒运毒、吸食毒品等毒品泛滥现象日益严重，社会中大量存在的人们的精神异常、国家之间发生的规模不等的国际战争和区域冲突等，从根源上来讲，都是由资本主义制度造成的，因为资本主义制度压倒性的组织和行动原则就是追求以利润为核心的各种物质利益，物质利益至上，其他的一切目标和价值都成了物质利益的附属品和牺牲品。因此，在资本主义统治下，整个社会以及全体人类都将陷入一种焦虑、无序、绝望而又无可奈何的情绪之中，无法获得解脱，只有彻底改变资本主义制度，才有可能改变这

---

〔1〕《马克思恩格斯选集》（第1卷），人民出版社2012年版，第406页。

〔2〕Ralph Miliband, "The Plausibility of Socialism", *New Left Review*, 4 (1994), p. 206.

一切。

(二) 为什么是社会主义

如何证明和论证社会主义是一种更为优越的社会制度？许多思想家都进行过论证。比如 G. A. 科恩（G. A. Cohen）在《为什么不要社会主义》中从道德方面对社会主义的"可欲性"进行了论证，他设想了一种"野营旅行"的环境，很明显，"在这一环境中，大多数人会越过其他可行的选择而强烈地赞成社会主义的生活方式"[1]。并且认为在野营旅行中，两项原则得到了实现，即平等原则和共享原则，而这两项原则无疑都是社会主义的根本原则。紧接着，科恩又提出，如果不是仅在小范围、小规模的领域，而是在更为广阔的国家和世界范围内，社会主义是否是可欲的问题。科恩认为，在更广阔的社会领域推进社会主义，存在着许多困难，"任何实现社会主义理想的尝试，都会遭遇处于牢固地位的资本主义力量和个人人性的自私"，但是这不能成为人们放弃社会主义追求和努力的理由和借口。[2]

对于社会主义的合理性，密里本德也进行过集中思考，但是思考的路径却与科恩不同。密里本德认为，只有社会主义才能彻底根除上述的"资本主义罪恶"，至少可以根除罪恶产生的根源和基础。密里本德为什么这样认为呢？他认为这是由社会主义理想中所包含的必要因素决定的。

首先，社会主义意味着全面的、真实的民主，"社会主义必须被视为历史悠久的民主运动的一部分，但是只有社会主义才

---

〔1〕 [英] G. A. 科恩：《为什么不要社会主义》，段忠桥译，人民出版社 2011年版，第 13 页。

〔2〕 [英] G. A. 科恩：《为什么不要社会主义》，段忠桥译，人民出版社 2011年版，第 75～77 页。

可以赋予民主完整的意义"[1]。在密里本德看来，资本主义民
主制度有着极大的虚伪性，而且，资本主义民主制度主要体现
在资本主义政治领域，而经济领域的民主是远远不够的，这就
会产生政治民主与经济民主相脱节的现象；而且，即便是资本
主义政治民主，也会受制于资本主义的反民主本性，从而在很
多方面受到限制，因为，资本主义政治民主从本质上来看，其
初衷、制度的设计及其目的，都是为了反对民众真正享有民主，
而这是由资本主义的业已形成的权力和特权体系所决定的。而
社会主义，应当是一种全面的民主，无论是从范围而言，还是
从本质而言，都应当是资本主义民主的扩大和扩展。在社会主
义社会，民主不仅是社会的整体组织原则，而且是社会运行的
具体机制。

　　其次，在历史中和现实中，人们对社会主义进行攻击的另
外一个方面是社会主义的伦理性问题。比如，如何协调社会主
义与人类本性的关系？难道在社会主义社会，人类的一些恶的
本性就会彻底消失吗？在社会主义制度下，还会存在资本主义
条件下的一系列不良社会现象吗？

　　对此，密里本德在《怀疑时代的社会主义》中，主要针对
两个对社会主义诘难的典型问题进行了探讨。一则是人类的本
性问题，诚然，人类具有贪婪、自私自利等恶的一面，但是人
类也在体验着自启蒙运动以来所提倡的人类理性，以及由人类
理性所发端的人类无限完备性的特点和趋势。历史事实也一再
表明，人类有克服自身的缺点而不断地走向完善的能力和信仰，
即"把它置于更当代的语境中，存在一种信仰，相信人类能够
完美地把自身融合入合作、民主、平等以及自我管理的共同体

---

[1]　Ralph Miliband, "The Plausibility of Socialism", *New Left Review*, 4 (1994),
p. 206.

中，在那里，所有的冲突当然无法根除，但是它将变得越来越少、越来越缓和。这种理想的完全实现将会花费很长的时间；但是社会主义的基本出发点是——不得不是——没有什么无情的诅咒，注定人类将永远分裂和冲突。"[1]确实，人类历史上曾经出现过大规模的杀戮现象，而且许多还是以人民的名义，但是并不能说这些大规模的杀戮决定是由大多数人做出的，他们中的少数人只是参与了而已，况且对于大多数的民众，大家都是"沉默的大多数"，既没有做出决策，又没有参与行动，因此，不能把少数人的罪行归结为一般人的本性。而且，密里本德也坚信，随着人类以及人类社会的不断发展和进步，其政治觉悟将不断提高，会越来越把自身融入合作、民主、平等以及自我管理的共同体中。此外，还有一个对社会主义的挑战，也就是所谓的"寡头铁律"问题，这一问题由德国著名的政治学家和社会学家罗伯特·米歇尔斯（Robert Michels）在其名著《寡头统治铁律：现代民主制度中的政党社会学》一书中提出。罗伯特通过对德国社会民主党的考察，提出任何组织的权力最后都不得不集中于少数精英手中，从而形成所谓的"寡头铁律"，"正是组织使当选者获得了对于选民、被委托者对于委托者、代表对于被代表者的统治地位，组织处处意味着寡头统治。"[2]对于"寡头铁律"的质疑，密里本德分析说，此命题可以分为两个分命题，第一个命题是在人群中，有一种天然的分裂，注定会把人群分成少数人和多数人。第二个命题是任何组织最终都会落入寡头统治之手，如德国的社会民主党，最终

---

〔1〕 Ralph Miliband, "The Plausibility of Socialism", *New Left Review*, 4 (1994), p. 206.

〔2〕 ［德］罗伯特·米歇尔斯：《寡头统治铁律：现代民主制度中的政党社会学》，任军锋等译，天津人民出版社2002年版，第1页。

社会民主党领导人把工人阶级的解放当成了其控制党组织的工具。对此，密里本德批驳说，对于任何一个组织，必定会涉及一定的权力掌控和归属问题，因为激进主义倾向并不是均匀分布的，但问题的关键不在于权力掌握在谁的手中，而在于是否可以有效地规范和控制权力的合理行使，密里本德不认为通过完备的、具体的制度规章的设计，就可以规避这一问题，因为在他看来，规章制度总有漏洞，而"更重要的是权力运行的经济、社会、政治和道德行使的环境。在巨大的社会不平等是日常生活中不可缺少的一部分的社会中，这确实是不可避免的，权力容易集中和形成寡头模式，即便有大声的民主雄辩或精心掩盖事实的正式程序。但激进主义倾向是不固定的，如果条件有利，很有可能蔓延。在平等主义正在形成的社会中，公民深深意识到他们的民主权利，包括自愿和有效参与的权利，认为领导层不可能变成寡头统治还是现实的。然而，寡头倾向将长期存在，但往往可以反对或被挫败。寡头政治的一个铁律是另一回事了，而且没有理由认为，在一个合理的环境下，这样一个铁律将无法避免地主宰权力的行使过程。"[1]

　　总之，在密里本德的理念和理想中，社会主义是一种能够从社会的基本基础上消除资本主义罪恶产生根源的社会制度，它也许会不断地受到质疑、诘难和攻击，现实中的社会主义实践也一再地遇到挫折，但是社会主义毕竟为人类彻底克服资本主义制度提供了替代性的选择和希望。社会主义不是一朝一夕能够实现的，它是人类一个总体的、理想的追求目标，并且通过许多代不同人们的共同努力，才有可能实现社会主义。那么，这里又提出了一个问题，那就是如何在资本主义体系的包围之

〔1〕　Ralph Miliband, "The Plausibility of Socialism", *New Left Review*, 4（1994），p. 206.

下，不断地走向社会主义呢？也就是说，实现社会主义的现实路径是什么呢？

二、社会主义的机制建构

在《怀疑时代的社会主义》这本密里本德的最后一本著作里，密里本德对自己的社会主义理想进行了一个系统性的总结，他首先分析了社会主义的合理性问题，也就是为什么应当反对资本主义，为什么要追求社会主义这个基本的理论和现实问题。紧接着，他分别探讨了民主的机制、混合所有制经济模式以及选区、机构和策略问题，对社会主义的理想模式分别进行了分析。

（一）政治机制

社会主义社会，是否就意味着国家的消亡，意味着不再需要像国家这样一个公共权力组织体系？对于这个问题，密里本德认为在社会主义社会，依然需要国家这样一个公共权力机构，不管把这样的公共权力机构称作国家或别的什么，它都需要这样一个公共权力机构，只不过，在社会主义社会，国家的性质、目的、基本的组织原则和组织机构、具体的活动原则和规则等方面都会发生一个根本的变化，这些变化的一个最主要、最重要的方面就是社会主义民主制度和民主机制的探索和建立。

同时，国家的权力虽然是必需的，但同时也应当通过民主程序，受到必要的限制。"不仅政府领导的权力应当受到限制，作为整体性的政府权力都应当受到制约。"[1]这样，密里本德认为就应当合理设计政府权力的制约体系。总的来说，政府权力

---

〔1〕 Ralph Miliband, *Socialism for a Sceptical Age*, Cambridge：Polity Press, 1994, p. 81.

的制约体系的构建，不仅需要国家机构内部各国家机关的相互监督和制约，而且需要来自社会的民主监督。总之，在社会主义社会，不应允许有不受限制和制约的权力，因为历史事实证明，权力不受有效的监督和制约所带来的后果相当严重，不仅容易带来腐败，还容易造成严重的"个人崇拜"，会对社会主义建设造成严重的危害和破坏。

对于民主问题，密里本德认为，社会主义最典型的特征，就是社会主义民主，所以社会主义民主，首先就是社会主义民主化的问题。社会主义民主是对资本主义民主的继承和发展，因此完备的社会主义民主应当是资本主义民主的扩充和发展。

民主对于社会主义而言，具有多重的含义和要求。民主是社会主义的一项基本的组织原则和要求，它应当遍布于国家和社会的每一个组织，成为其中指导性的原则。在国家体制上，应当通过真正民主化的选举，来选择各级国家机关的领导人；通过民主化的程序，来组织各机关的民主化运行；设计民主决策程序和执行程序，保障决策的民主性和执行性。

在国家权力的问题上，密里本德认为应当继续实行资产阶级的三权分立原则，同时应当对三权分立原则进行重新的规划。在资本主义体制下，国家的立法机关、司法机关和行政机关，无论他们在表面上如何相互监督和制约，但三者在思想基础上是保持一致的，他们都尽力在自己的职权范围内维护资本主义的意识形态和社会秩序。在社会主义民主体制下，立法权、行政权和司法权依然应当分立、相互监督和制约，然而他们应当也有一个基本的意识形态转换，不应再是保守主义意识形态的维护者。比如，对于法官而言，在社会主义社会中，法官应当通过司法解释、司法审查以及具体的司法审判功能，承担起对政府的监督工作。但是当具体的法官在承担这些职能的时候，当他通过自己的职务言论对社会正义规则进行阐释的时候，他应当采取新的、适合社会主义的标准，而不是传统的保守主义规则。因此，"一个社会主义政府应当改革其司法的根基和分支；法官改革有助于这项任务的完成。"[1]

在社会主义议会以及议会与政府的关系问题上，密里本德认为，议会与政府的关系非常重要，因为政府的施政纲领与具体决策，需要议会的支持和同意，否则政府的决策得不到法律程序上的合法性保障。因此，政府需要在议会选举中取得多数支持，这是政府改革成功的保障。同时，这并不意味着"立法部门对政府而言是一种服从和从属的关系"[2]。议会应当是由不同党派和组织、持有不同观点的男人和女人组成，这就有一个如何控制的问题，也就是说，从技术上而言，政府如何能够保障在观点不一、意见不同的议会中，获得多数支持的问题。密里本德认为，政府获得普遍的多数支持，并且希望在以后的执政中获得多数支持，并不是议会批评和监督功能的同义语，因此，如何正确处理政府和议会的关系问题，既保障议会的多数支持保障性，又充分发挥议会的监督功能，两者虽有矛盾，但是在基本面上却是一致的，因此不能偏废，而保障议员由不同观点、不同组织的成员组成，就是要充分发挥议会的批评功能，保障政府决策的正确性和合法性。

同时，密里本德还就议会的选举程序问题进行了探讨，他认为："一个国家的立法机构无论是强还是弱，它的构成应当反

---

〔1〕 Ralph Miliband, *Socialism for a Sceptical Age*, Cambridge: Polity Press, 1994, p. 77.

〔2〕 Ralph Miliband, *Socialism for a Sceptical Age*, Cambridge: Polity Press, 1994, p. 81.

映一次选举中投票的公正计量问题。"[1]密里本德认为，传统上的资产阶级议会选举，采取的选举程序和选举制度，比如"得票最多者当选"的选举原则和制度，不能反映选民的真正意图，这样的结果往往使得获得少数选票的政党上台执政，因而不是真正的选举民主，这样的政府也不是真正的民主政府。因此，在社会主义民主体制下，应当设计合理的选举制度，保障通过选举上台的政府是多数政府，这不仅是从民主的角度考虑的，同时这也有利于政府的稳定和政府决策的有力执行。

（二）经济机制

密里本德认为，在社会主义基本的经济体制上，应当强调国家的干预。虽然，在资本主义经济发展史上，总是存在两种争论，即市场自发调节主义和政府自觉调整主义。持有传统自由主义观点的人士，总是批评政府对经济干涉的态度，认为这极大地干涉了经济的自主发展，影响了市场的活力。密里本德对此评价道，其实在资本主义经济发展过程中，尤其是近几十年来，资本主义经济一点也没有少从资本主义国家那里获得帮助，现代的资本主义国家，正在大量地卷入资本主义的"经济生活"，其凭借的手段既有传统的方式，又有现代的方式，传统的经济干预方式有国家税收和国家预算，还有国家通过立法程序通过的限制工人工资的法案等，现代国家干预经济模式有补贴、津贴、关税、救援、出口信贷等多种方式，因此国家对资本主义的企业的帮助是全方位的，不仅体现在国内生产和国内贸易的部分，而且体现在资本的国际扩张和国际贸易部分。事实上，国家对资本主义企业的帮助，就是一种干预，那种认为国家干预是不应当的观点，其实是对事实的一种选择性失明，

---

[1] Ralph Miliband, *Socialism for a Sceptical Age*, Cambridge：Polity Press, 1994, p. 83.

它反对的并不是国家干预，它只是反对那些有利于工人阶级的干预。

因此，对于社会主义，不应当反对国家的干预和计划。相反，在社会的经济生活中，应当充分发挥国家的组织协调功能，让社会经济的各部分得到合理安排、社会资源得到合理配置，从而使社会经济有序发展，杜绝浪费，促进节约和平等。这样就要求社会主义的国家干预主义有一个根本指导思想上的转变，从资本主义的私益目的转向公益目的。总之，"就其本身而言，一个社会主义政府应当有一个强有力的干预主义立场，秉持在经济生活中的干预主义是自己的一个主要责任的理念。"[1]

对于所有制体制问题，密里本德认为应当建立"混合所有制经济"模式，其中，公有制经济占据主要的位置。在资本主义社会，曾经也实行过"混合所有制"经济模式，正如英国的工党和一些国家的社会民主党所做的那样，但是，在这些国家，共有部分和私有部分的比例是严重倒置的，其中，私有经济占据了主要的位置和比例，而公有经济的存在是从属于私有经济的并为私有经济服务的。而在社会主义社会，这种混合所有制经济中的主次地位应当颠倒过来，公有制经济应当占据主体位置，私有制经济应当从属于公有制经济。社会一切经济活动的目的不是为了私人利益，而是为了公共利益。总之，"社会所有制是社会主义定义的内在部分"[2]。

这样，密里本德认为基本的问题不再是是否应当采取社会主义公有制的问题，而在于社会公有制应当采取什么形式，以

---

〔1〕 Ralph Miliband, *Socialism for A Sceptical Age*, Cambridge: Polity Press, 1994, p. 99.

〔2〕 Ralph Miliband, *Socialism for A Sceptical Age*, Cambridge: Polity Press, 1994, p. 100.

及如何有效地实现控制的问题之上。

具体而言，密里本德认为，社会主义经济所有制应当包含三种具体的模式：第一部分是各种具有统领作用的公有经济，第二部分是一定数量的合作经济，第三部分是私有经济也应当占有一定的比重。其中私有经济应当由中小型规模的企业构成，它是社会主义经济的重要构成部分，主要提供某些商品和社会服务。

对于公有制经济，应当充分保障它的自主性，并同时正确处理自主性与国家控制的关系问题。在发挥自主性作用的同时，应当保障国家的调控和控制作用。公有企业主要负责企业运营的微观经营，国家主要保障企业运行的宏观部分，比如在有关健康、劳动安全、生产安全、环境、就业以及工人的权益保障方面，国家应当充分发挥宏观调控和管理作用。为了减少甚至杜绝传统公有制经济领域中的效率低下问题以及腐败问题，密里本德构想建构全方位的监督机制，监督公有制经济的有效、民主、公正运营。

对于合作经济和私有经济，应当在混合所有制经济体制中，发挥重要的作用，但是相对于公有制经济部分，它只占从属性、补充性的地位。在合作经济的发展中，地方和市政当局应当发挥主要的功能和作用，根据一些国家合作经济的成功经验，应当在剧院、饭店、看护中心、夏令营、文化馆以及其他各种文化设施中，多采用合作经济形式。同样，"社会主义民主应当扩展它的作用范围，要求他们应当尽可能多地采取包括公民参与权之类的民主形式。"[1]

总之，社会主义经济体制，是一种复杂的、总体的结构系

---

〔1〕 Ralph Miliband, *Socialism for A Sceptical Age*, Cambridge：Polity Press, 1994, p. 112.

统，其既要面对过去资本主义传统的经济问题和关系问题，同时还要面临新的、需要解决的问题。因此，理想的社会主义经济模式需要在实践中不断摸索，但是它的一个基本核心是，将经济活动从资本主义权力统治体系中解放出来，使得经济发展和谐、经济成果共享，这才是社会主义经济活动的根本宗旨。

（三）文化机制

密里本德主要以政治研究为其主要的学术研究范围和志趣，但是他的政治学研究却是围绕政治研究为核心的整体性研究，其中文化研究是其重要的组成部分，他的文化研究也是以政治学为研究视角的，同时也受到了葛兰西文化霸权思想的重要影响和启示。

密里本德认为资本主义的统治，是通过构建"双重政权"的模式而形成的双重统治，一重是来自于国家政权机关，另一重是来自市民社会。在普通时期，资产阶级的阶级统治主要不是通过国家政权机关的压服和镇压的功能来完成的，而是通过市民社会中的文化统治工具来完成的，它们主要起的功能是教育和说服的功能，目的是使统治阶级的阶级统治地位和权力获得被统治阶级的同意，从而心甘情愿地接受统治阶级的阶级统治。相对于国家政权的统治，"社会政权"的控制在很多时候，显得更为重要。

因此，在社会主义社会，也应当充分发挥社会政权的建设和引导，为政府实施社会主义纲领创造群众基础和舆论支持。在这个方面，各种传播媒体比如广播、电视、各种报纸、杂志等发挥着重要的作用，政府应当重视对他们的控制，应当从所有权上进行控制，主要是对他们进行国有化改造，使他们不再服从私人目的。

致力于社会主义的左派政府应当注重文化建设，注重知识分子的作用。用葛兰西的话说，知识分子就是"合法化的专家"，在资本主义统治合法化的过程中，知识分子就起着极度功能化的作用，他们或直接或间接地为资本主义体系辩护。因此，在密里本德看来，在社会主义社会中，知识分子的功能依然是不容忽视的，"这不仅是一个有关知识分子的问题，在受到列宁很大敬重的考茨基的一个著名判断中，'（知识分子）把社会主义从外部带给了无产阶级'，而且帮助人们从被现实迷惑的丛林中找到出路。"[1]。

社会主义应当重视文化生产，应当通过主导价值的渗透和结合，进行社会主义文化的生产和宣传。在这方面，西欧的资本主义社会做得比较成功："……指出了先进资本主义社会生活中的一个主要特点：即在这些社会的文化领域中，资本主义生产了最大部分的产品，因此，很自然这些产品是以这样或那样的方式帮助保卫资本主义的。"[2]然而，运用马克思主义，来进行社会主义的文化生产，在这方面做得远远不够，在许多因素的作用下，马克思主义文化生产总是走向教条，或者社会主义文化生产总是走向分裂和自相矛盾。因此，密里本德非常推崇葛兰西的文化理论，他认为葛兰西作为一名马克思主义者，首先在理论方面关注了文化生产问题，强调了文化生产和文化产品对社会主义的意义和重要作用。除此以外，"……对第二次世界大战后三十多年来供群众消费的文化产品的思想意义缺乏马克思主义的分析和解释工作，更不用说在第二次世界大战前的

---

〔1〕　Ralph Miliband, *Socialism for A Sceptical Age*, Cambridge：Polity Press, 1994，p. 157.

〔2〕　［英］拉尔夫·密利本德：《马克思主义与政治学》，黄子都译，商务印书馆 1984 年版，第 55 页。

年代里事实上没有进行过这项工作。"[1]社会主义文化生产，要求在民众中，普及社会主义教育，达成社会主义共识，这点至为关键。为了达成这一目的，在现实的微观政治实践中，需要超越不同的人群界别和界限，在社会主义共识的基础上进行广泛的联合，"从传统的模式中解放出来，要耐心地和灵活地贯彻执行"[2]。因为社会主义事业并非只是少数人的事业，它是全体社会成员的共同事业，需要广泛的民众基础和支持。社会主义教育本质上不同于资本主义教育，资本主义的教育是分等级的精英教育，而社会主义则是追求平等价值的大众教育，因为社会主义的理念基础是相信人与人之间从根本上是平等的，而社会主义教育则是帮助真正实现这种平等权。

因此，现实的社会主义建设也应当十分强调文化生产和文化建设的价值，这就要求在文化领域开展文化生产和文化宣传，这有利于在全社会范围内形成共同的价值观和社会意识，在一定程度上，关系着社会主义改革的成败。

这里又涉及一个问题，那就是，既然正如马克思、恩格斯在《德意志意识形态》中的论断，在每一种社会形态中，在物质上占统治力量的阶级，在精神上一般也占据统治地位，这在一定程度上，又如葛兰西所言的资本主义社会统治阶级的"文化霸权"，那么在统治阶级的文化霸权的强力统治之下，如何能够建构和实践有效的社会主义文化呢？密里本德对此持一种乐观的态度，他认为，包括传统在内的文化领域并非铁板一块，事实上文化领域一直是存在着激烈的阶级斗争和阶级争夺的领域，这种斗争和争夺一般并不激烈，但并不能否认先进的文化

---

[1] [英] 拉尔夫·密利本德：《马克思主义与政治学》，黄子都译，商务印书馆1984年版，第54页。

[2] 张亮编：《英国新左派思想家》，江苏人民出版社2010年版，第161页。

和思想不断地萌发并侵蚀旧政权的统治思想，法国 18 世纪初的革命史就说明了这一点。同样，虽然在资本主义的统治下，社会主义思想饱受各种攻击，而且许多攻击还来自于左派内部，但是社会主义力量还是在资本主义内部不断渗透，虽然看起来进程比较缓慢、曲折，但这不妨碍社会主义力量的不断积累，因此，"现在真正的问题已成为它到底要它掘向一个什么样的社会主义和这个社会主义将怎样实现"〔1〕。

三、社会主义的实现路径

在密里本德看来，社会主义不仅是一种理论构想，更是一种现实的社会实践。作为客观的、现实的社会实践，不能幻想社会主义能够一步到位，它必然是一个长期的过程和目标，"……社会主义是一种新的社会秩序，实现它需要很多代人的奋斗，并且永远不会完全'达成'。也就是说，社会主义致力于努力达成其设定的目标的过程。"〔2〕

同时，社会主义是一种完全不同于资本主义的社会秩序和社会形态，从这个意义而言，社会主义又是一场深刻的社会革命。那么，"实行社会主义革命需要什么样的战略呢"〔3〕？

首先，应当明确的是，实现社会主义是一个由多种战略和方式构成的一个整体的、连续的步骤和过程。在这个过程中，存在着不同的实现路径和方式，它们各自适合于不同的背景和环境，比如，革命的策略就适合于经济落后、民主化程度不高

---

〔1〕　［英］拉尔夫·密利本德：《马克思主义与政治学》，黄子都译，商务印书馆 1984 年版，第 59 页。

〔2〕　张亮编：《英国新左派思想家》，江苏人民出版社 2010 年版，第 171 页。

〔3〕　［英］拉尔夫·密利本德：《马克思主义与政治学》，黄子都译，商务印书馆 1984 年版，第 164 页。

的国家和社会；而在西方发达的资本主义社会，改良主义策略则更为适宜，因为"对资本主义社会工人运动中的大多数人来说，合法性、宪政、选举制和议会类型的代议制机构具有极其强烈的吸引力。"[1]无论是革命还是改良主义，"它们至多只是通向一个要大得多的目标的最好步骤和部分手段"。同时，不应当把改良主义与革命对立起来，改良主义不意味着没有暴力，革命也不意味着没有协商和妥协。比如，对于"改良主义"而言，"'改良主义'是从斗争方面来设想这一过程的，更具体地说，它包括许多不同阵线和不同方面的阶级斗争。"[2]改良主义"不包括放弃必须用暴力对付保守派的暴力的可能性"[3]。

其次，革命或者改良主义只是实现社会主义的第一步，社会主义政党通过这些策略和方式取得政权以后，还将面临更为复杂的状况，"必须镇压资产阶级并粉碎它们的反抗"[4]，必须进行必要的社会组织和社会管理，因此，在社会主义的初级阶段，国家的存在不仅是必需的，还是必然的，"当无产阶级革命打碎旧的国家机器时，并不能够废除国家本身，国家必须存在，并将长期存在，即使它终将'消亡'"[5]。因为"工人阶级在其自身的斗争过程中，将需要创造自身的权力机构，而这

---

〔1〕［英］拉尔夫·密利本德：《马克思主义与政治学》，黄子都译，商务印书馆 1984 年版，第 182 页。

〔2〕［英］拉尔夫·密利本德：《马克思主义与政治学》，黄子都译，商务印书馆 1984 年版，第 171 页。

〔3〕［英］拉尔夫·密利本德：《马克思主义与政治学》，黄子都译，商务印书馆 1984 年版，第 183 页。

〔4〕［英］拉尔夫·密利本德：《马克思主义与政治学》，黄子都译，商务印书馆 1984 年版，第 190 页。

〔5〕Ralph Miliband, *Class Power and State Power*, London：Verso，1983, p. 155.

将最终成为社会主义民主超越资本主义民主的基础。"[1]

那么，什么是国家呢？国家仅是一种抽象的概念呢，还是具体的、实在的实体呢？"'国家'并不是一个不存在的事物。"[2]在这里，密里本德把它看成一种现实的、具体的社会存在，看成最为重要的上层建筑，"所谓'国家'，其本体是由一系列特殊机构共同构成的，它们的相互作用构成了可被称为'国家制度'的要素。"[3]具体而言，国家包括政府、议会、法院等传统三权分立基础上形成的国家机关，还包括其他各种各类国家机关，它们的具体构成及其相互关系构成了国家的整体景观。

在一个具体的社会中，国家的职能分为对内职能和对外职能，对内职能主要是指国家的社会管理职能和阶级统治职能，对外职能主要是指抵御外敌侵略和国际交往的职能。在典型的自由主义者眼中，信奉"管的最少的政府是最好的政府"，尤其在经济领域，更应如此。密里本德认为这是一种谎言，在资本主义社会中，正是大量的资本主义企业接受了政府的帮助、国家的干预，或者渡过难关，或者得以发展。因而，在资本主义社会，"从其最本质意义而言，国家毫无疑问通过预算和税收政策卷入了'经济生活'之中，而这是因为国家可以通过独立地颁布和推行法令而行动。但是，国家的干预远超于此。"[4]

因此，在社会主义的建设过程中，同样需要国家的存在以

---

[1] Ralph Miliband, *Class Power and State Power*, London: Verso, 1983, p. 125.

[2] ［英］拉尔夫·密里本德：《资本主义社会的国家》，沈汉、陈祖洲、蔡玲译，商务印书馆 1997 年版，第 54 页。

[3] ［英］拉尔夫·密里本德：《资本主义社会的国家》，沈汉、陈祖洲、蔡玲译，商务印书馆 1997 年版，第 54 页。

[4] Ralph Miliband, *Socialism for a Sceptical Age*, Cambridge: Polity Press, 1994, p. 98.

及政府对社会生活广泛的干预，"经济领域的国家干预是其中意思的最佳表达"〔1〕。社会主义的国家职能，相比于资本主义国家的职能，将更为广泛和深刻，目的也更为正当，"国家干预将总是成为实现有利目标的必要的最佳方式"〔2〕，因而它的存在和运行将更具合法性。

因此，实现社会主义，不是要立即废除国家，而是应当保障实现国家的民主化改造，实现国家本质的超越，"不再需要建立作为旧的残余的全权的国家"，而是需要一个崭新的社会和国家，这种社会是"一种真正民主的社会秩序，一个由男人和女人自己管理的真正自由的社会"，"在这个社会中国家将'由一个站在社会之上的机关变成完全服从于这个社会的机关'"。〔3〕

同时，在社会主义的实现过程中，密里本德特别强调双重政权建设。"双重政权"中除了国家层面的政权建设以外，还包括社会政权的建设，具体而言，就是"建立起一个相当于'双重政权'的人民参与的机构网"〔4〕，在民众中，普及社会主义教育，达成社会主义共识，至为关键。为了达成这一目的，在现实的微观政治实践中，需要超越不同的人群界别和界限，在社会主义共识的基础上进行广泛的联合，因为社会主义事业并非只是少数人的事业，它是全体社会成员的共同事业。

〔1〕 Ralph Miliband, *Socialism for a Sceptical Age*, Cambridge: Polity Press, 1994, p. 98.

〔2〕 Ralph Miliband, *Socialism for a Sceptical Age*, Cambridge: Polity Press, 1994, p. 99

〔3〕 [英] 拉尔夫·密里本德：《资本主义社会的国家》，沈汉、陈祖洲、蔡玲译，商务印书馆1997年版，第276页。

〔4〕 [英] 拉尔夫·密利本德：《马克思主义与政治学》，黄子都译，商务印书馆1984年版，第200页。

　　革命主义是列宁为了在生产力发展相对落后的俄国实现社会主义，所探索出来的成功道路。列宁主义革命主义随着实践的成功，极大地激励了其他国家的斗争，加之当时共产国际的体制及其推动，革命主义成为当时国际范围内社会主义斗争的主要方式，许多国家的共产党人都接受了这一策略，并在不同程度上进行了实践。但是，历史事实证明，革命主义策略在发达资本主义国家并没有取得成功。

　　与革命主义相对应的另外一种策略是社会改良，社会改良是西欧传统的社会民主党所主张的社会主义实现路径。社会改良方式也是英国工党所主张的主要方式，密里本德的老师、著名的政治学家和英国工党的政治活动家哈罗德·拉斯基就主张，要在英国实现社会主义，就应当"一点一滴改良、一点一滴进步"。这种社会改良思想受到密里本德激烈的批判。密里本德承认，从取得的成就来看，社会民主党确实做了不少的事情。但是，作为一个追求社会主义的政党，社会民主党从来没有想过彻底废除资本主义的权力体系，也从来没有想过彻底变革资本主义根本制度，社会民主党只想在有限的范围内"使工人阶级的生活变得更加说得过去"〔1〕。而社会民主党人的这些要求，反而有利于稳定资本主义统治秩序。因此，对于统治阶级来讲，社会民主党的主张在一定程度上是受到他们欢迎的。

　　对于与密里本德同期的英国新左派成员，他们也都提出了自己的社会主义见解，比如有人主张革命，有人主张改良，有人主张生态社会主义，有人主张市场社会主义，等等。而密里本德与此不同，他明确主张的是一种改良主义的社会主义。对于改良主义社会主义，他多次论及，其中最为明确、集中的论

　　〔1〕　张亮、熊婴编：《伦理、文化与社会主义：英国新左派早期思想读本》，江苏人民出版社2013年版，第198页。

述是其著作《马克思主义与政治学》。在《马克思主义与政治学》中，密里本德集中讨论了两种策略，即革命主义策略和改良主义策略。

对于革命主义策略，密里本德说自己更愿意称之为"起义策略"，因为他认为革命策略包含了太多的不确切性。对于起义策略为什么会成为国际上一种主要的策略模式这一问题，密里本德认为除了俄国革命成功的激励以外，还在于列宁夸大了战后国际范围内存在和发生革命的可能性，并认为把这种革命主义列为许多资本主义国家的议事日程已经迫在眉睫。这种错误的预估和此后共产国际的《二十一条》的具体规定使得起义策略成为国际通用策略，并在列宁以后，被斯大林主义歪曲了。另外，起义策略在资本主义国家的不可行，也值得人们深思。密里本德认为其中虽然有许多原因，但是"在列举的任何这种解释中无论如何都必须把另外一个最重要的因素包括进去，这就是对资本主义社会工人运动中的绝大多数人来说，合法性、宪政、选举制和议会类型的代议制机构具有极其强烈的吸引力。"[1]

对于列宁的起义策略，还有一个理论和实践上的悖论，那就是起义意味着打碎旧的国家机器，但是，打碎旧的国家机器，并不意味着能够顺利地建立一个新的、民主的、理想的社会和国家组织。

对于改良主义策略，密里本德认为，这是更适合西方发达资本主义条件下的策略方式。改良主义不同于社会民主党的社会改良。社会改良只是在资本主义体制下的局部改进，并不改造整个资本主义制度的基础；而改良主义，并不满足于对资本

---

〔1〕〔英〕拉尔夫·密利本德：《马克思主义与政治学》，黄子都译，商务印书馆1984年版，第182页。

主义制度的小修小补，它着力于对资本主义生产关系进行全面、彻底的改造，它力图改变的是资本主义的根本制度及其基础，意味着对资本主义的根本否定，但不是全面否定，因为社会主义应当借助资本主义的某些先进的组织原则和管理形式，以实现社会的良好治理。

至于改良主义的具体实现方式，密里本德认为应当可以通过和平与合法的方式，具体而言就是左派在议会选举中获胜，组织一个多数派政府，因为在他看来，"通过宪法途径取得政权后，也可以对国家机构进行全面的重建；而夺取政权并不必然包含这种全面重建。的确，从扩大人民权力这个意向来看，和平过渡可能比暴力革命更有利于这一目标。"[1]

但是，世界上许多国家曾经或正在建立的激进政府的遭遇，也是显而易见的，它们或者受到国内保守势力的围攻，或者受到国际保守的、以美国为首的干涉主义的强烈干涉，或者遭到前述二者的联合夹攻，腹背受敌，在这种情形下，激进政府的激进改革要么举步维艰、要么由于经受不住考验而败下阵来。在这样的不利情形下，激进政府要么垮台从而被各种反动派以人民的名义推翻，要么逐步变成一个符合保守派和国际利益集团的稳健的、保守的政府，从而违背当时的改革承诺。社会民主党在许多国家的执政经历就是明证。

但是，密里本德认为在一些情形下，激进的改革政府面对类似上述同样的情况，会由于政府恰当的、正确的选择，而使结果变得不同。这种正确的选择就是坚定的信念、决心和双重政权的建设。也就是说，当锐意改革的激进政府依靠人民的选举和支持上台执政以后，面对国内外各种保守力量的进攻，应

---

〔1〕　[英] 拉尔夫·密利本德:《马克思主义与政治学》，黄子都译，商务印书馆 1984 年版，第 189 页。

当保持必胜的决心和信念，不能退缩；一方面，应当运用各种综合性的手段，包括国家的手段和市民社会的手段。在国家政权的运用上，应当吸纳大量的激进的、与政府的改革理念相一致的组织和人士参加左翼政府，为社会主义改革提供组织支持；另一方面，应当在国家政策上，实行根本的社会主义政策，比如正确处理市场和政府的关系、民主和集中的关系、计划和指令的关系，实行全面的社会福利和社会保障政策，加大公共基础设施建设等。在市民社会手段运用上，密里本德借鉴了葛兰西的文化霸权理论，认为应当充分发动群众，调动他们的积极性，充分发挥各种社会组织和社会力量，具体包括学校、媒体、教会等方面的力量，形成强大的社会舆论优势和社会力量支持。密里本德认为，这不是不顾现实的社会空想，因为毕竟政府是获得了多数的选举支持才得以上台的，说明政府是有绝对多数的民意基础的，而这时政府要做的就是继续发动民意，让他们保持继续的、进一步的支持，而不是选举上台以后，向传统的社会民主党那样，不再关注政府的群众基础，而是更多地关注有产阶级的诉求和愿望，并在他们的鼓动下，一步步走向保守主义。

第七章
密里本德批判的法哲学思想的整体分析

密里本德作为英国新左派的杰出代表，其学术研究无论在思维方式、方法论还是在具体的认识论上，都展现出了独有的特点和易辨的特征，这些总体性特质使得密里本德在整个英国新左派中别具一格，其知名度和影响力也随之超越了英国甚至英语国家的地域界限，从而成为世界范围内具有很高学术声誉的西方马克思主义思想家。

一、思维方式特征

作为在英国新左派运动背景中成长起来的马克思主义学者，密里本德的学术研究始终濡染着英国新马克思主义的理论特质，尤其体现出第一代英国新左派的共同特征；同时，这些特质与共性又与英国传统的理论思维与研究方式密切相关。

（一）经验主义的思维基质

英国一直具有经验主义的哲学传统，英国的新马克思主义也深受影响。密里本德作为第一代英国新左派代表人物，更是经验主义的忠实执行者，以致在当年的密里本德—普兰查斯之争中，密里本德的经验主义思维方式成为普兰查斯批判他的主要靶子之一。普兰查斯认为密里本德的经验主义研究方法缺少理论研究的问题领域，密里本德对资产阶级意识形态的批判采取一种"直接回应"的态度,〔1〕容易掉入资产阶级意识形态的陷阱。密里本德认为经验性事实的观察及其总结和归纳是经典马克思主义的重要方法,一些现实世界中的词汇并没有意识形态的专属性,而是具有共性、中性的特点,比如"民主多元论""经理人主义"等词语及其背后所隐含的理论问题,正是经典马克思主义在资本主义的历史发展中需要认真考察、思考的现实现象和课题。因此,在密里本德的著作中,经验、事实、客观、现实、观察等都是经常出现的词汇,也是其最为主要和重要的论证方法。

密里本德学术研究的对象主要是发达资本主义国家,他认为发达资本主义国家与其他类型的国家有着十分明显的差异。虽然发达资本主义社会的国家,比如美国、英国等不同国家也有各自不同的特点,但是高度工业化和私人所有制是它们最大的共同点,从而对它们进行统一的法权研究现实而可行。

密里本德观察到,社会个体的阶级身份和其自身的阶级定位、政治意识虽然有诸多联系,但却并非时时处处都一致,出身于统治阶级的成员往往容易形成保守主义的政治意识,但也有很多出身于工人阶级的成员具有保守主义政治意识。因此,阶级的存在无论其政治意识、主观体验如何,仍然是一种客观的事实性存在。密里本德在不同历史时期的著作中,多次尝试对发达资本主义社会中的社会阶级结构进行区分。汤普森认为:"阶级是一种历史现象,它把一批各个相异、看来完全不相干的事结合在一起,它既包括在原始的经历中,又包括在思想觉悟

---

〔1〕 Nicos Poulanztas, "The Problem of the Capitalist State", in James Martin ed., *The Poulantzas Reader: Marxism, Law, and the State*, London, New York: Verso, 2004, p. 174.

（意识）里。"〔1〕可见，汤普森是从主观与客观相结合的角度来对阶级进行概念界定和划分的。与汤普森不同，密里本德主要是从客观观察到的事实角度对社会阶级进行区分。密里本德认为统治阶级和附属阶级之间的区分标准，主要不是他们的主观体验，而是客观的现实存在，密里本德说："更确切地说，问题的实质是，不管人们如何思考和实践他们的阶级立场，甚至他们不这样做，阶级依然是一个社会事实。"〔2〕"一个阶级的存在事实上并不依赖于其成员的意识、组织和斗争。"〔3〕统治阶级是一个整体的概念，它包括许多部分，经济权力精英、政治权力精英等都是其中基本的组成部分。附属阶级同样包括产业工人、非体力性工人、不挣工资者等不同成分。把这些社会成员划分为不同的阶级，以及同一阶级中的不同阶层，主要标准就是阶级成员的家庭出身、教育背景、社会关系、权力能力以及社会影响力等综合性因素。在《分裂的社会——资本主义社会的阶级斗争》中，密里本德更是总结性地把发达资本主义社会中的阶级划分为八个等级，认为这八个等级基本概括了发达资本主义社会中的所有社会成员，而且这八个等级呈一个梨状的金字塔形状，位于金字塔顶端的属于权力精英，他们或者是经济精英或者是政治精英，在发达资本主义社会中享有最多的经济权力和政治权力。而处于社会金字塔最底层的人们，他们或者是永久的失业者或者是靠政府救济金过活的人，在社会上拥有的权力很少，几乎没有任何的社会影响力。"正是这些因素的综合

---

〔1〕　［英］E. P. 汤普森：《英国工人阶级的形成》（上），钱乘旦等译，译林出版社 2001 年版，前言第 1 页。

〔2〕　Ralph Miliband, *Divided Societies - Class Struggle in Contemporary Capitalism*, Oxford: Clarendon Press, 1989, p. 23.

〔3〕　Ralph Miliband, *Divided Societies - Class Struggle in Contemporary Capitalism*, Oxford: Clarendon Press, 1989, p. 41

界定了工人阶级的具体成员，也正是这些综合因素使得这些国家的大多数人们被划归为工人阶级。"〔1〕可见，密里本德对社会阶级、阶层的分析和分类，完全落实在非常具体的以社会职业为基础的社会群体之上，分类的依据建立在他们所从事的职业、所处的社会地位、收入、拥有的社会权力和影响力等可以观察、体会和统计的数据基础之上。

密里本德进一步认为，如果要真正揭示发达资本主义社会的阶级关系，只对其阶级结构进行静态的分类和描述还远远不够，"对于这些问题的任何解答必须首先从这些人在这一进程中的实际活动研究开始"〔2〕。密里本德认为，国家是政治学中重要的概念和问题。但在马克思主义经典作家以后，除了葛兰西以外，"马克思主义者对于结合活生生的资本主义社会的社会经济以及政治和文化现实来讨论国家问题，只作了很少的有价值的努力。"〔3〕对于国家的概念，人们有不同的认识。西塞罗（Cicero）说：国家乃人民之事业。马克斯·韦伯认为，国家是一种制度性的权力运作机构，它在实施其规则时垄断着合法的人身强制。恩格斯则认为国家是阶级压迫的机器。这些对国家的定义揭示了国家某一方面的特征和本质，但都具有一定的抽象性。密里本德坚持认为，国家是一个客观存在的实体，它在本体上是由一系列相互联系的国家机构组成的，因此，要考察国家的本质和功能，首先应当考察国家机构的人员构成以及他们在日常的权力运作中的实际行为从而揭示他们之间的相互关

---

〔1〕 Ralph Miliband, *Divided Societies-Class Struggle in Contemporary Capitalism*, Oxford：Clarendon Press，1989，p. 23.

〔2〕 ［英］拉尔夫·密里本德：《资本主义社会的国家》，沈汉、陈祖洲、蔡玲译，商务印书馆1997年版，第24页。

〔3〕 ［英］拉尔夫·密里本德：《资本主义社会的国家》，沈汉、陈祖洲、蔡玲译，商务印书馆1997年版，第10~11页。

系和联系，最终发现国家的性质和功能。在《资本主义社会的
国家》中，密里本德把国家分解为五个重要的国家机构，分别
是政府、行政机构、军队及其他准军事机构、司法部门以及各
种次中央政府单位。分析国家权力，就是分析这五种部门的高
级官员的来源、构成、政治意识和具体行动，通过这种个体传
记式的客观考察和分析，总结国家权力和经济权力、政治精英
和经济精英之间的真实关系，从而验证马克思在《共产党宣言》
中对国家本质的判断及其在资本主义已经获得高速发展的资本
主义社会的适用性。

在密里本德的学术著作里，经验性的观察，无论是对历史
事实的观察，还是对当时社会现实的观察，莫不是经验实证主
义思维方式和研究方法的体现和运用。这种经验实证主义的思
维方式，不仅归因于他所处的英国浓厚的经验主义的传统的浸
染，而且也源于他学术研究的社会学模式的需要和自然推演。

密里本德的经验实证主义研究模式，受到当时迁居法国的
希腊哲学家、西方马克思主义政治学的代表人物普兰查斯的质
疑和诟病，普兰查斯认为，密里本德经验主义政治学研究方法
没有突破资产阶级政治学研究所预设的理论框架，容易陷入资
产阶级的理论陷阱，从而降低了其理论的严谨性和说服力。政
治学研究的方法论，正是当时密里本德—普兰查斯之争的主要
论题之一。但无论如何，密里本德的经验实证主义研究方式，
主要运用经验观察、列举事实等方法来阐明观点，使人感同身
受，便于人们在思维中形成具体的抽象，加深人们对现实的理
解和认识，便于作者核心思想的传播和接受；而且因为它建基
在对客观对象的现实观察和描述之上，更具有现实性、适应性
和科学性，因此更具有说服力。密里本德政治思想在其生前身
后的广泛传播，更加证实了这种经验实证主义思维方法的有

效性。

需要说明的是，密里本德政治社会学理论中的经验主义研究方式具有一定的直观性和现实性，容易使人感同身受，便于理论的传播和接受。比如，密里本德1961年完成的《议会社会主义—英国工党政治研究》引起了许多关注和争论，但作为一部著名的批评英国工党的著作，确实对英国工党对劳工的吸引力产生了影响，"有一些激进分子后来承认，正是这本书使得他们最终拒绝了英国工党，转而参加了其他的政治组织"[1]。但另一方面，经验主义意味着缺乏严密的理论推理和逻辑证明，在一定程度上又意味着它缺乏证明力和说服力。另外，虽然密里本德认为社会主义是发达资本主义法权批判的根本政治指向，但他的社会主义策略缺乏具体的理论规划和设计，他认为实现社会主义，不一定通过革命的方式，也不是通过在资本主义民主框架内的局部改良的方式，而应该是改良主义的途径，他在这里赋予改良主义新的含义，认为"改良主义"就是指通过议会选举取得政治领导权，然后进行全社会范围内的、彻底的社会主义改革，从而根除资本主义基础，走上社会主义道路，无论是在实践上还是在理论上，这种社会主义策略的确具有一定的乌托邦性，正如当年普兰查斯的告诫，"过度的能动性本位立场"具有很大的危险性，它低估了资本主义社会中的结构性力量对这种改革巨大的、甚至是决定性的牵制和抵制作用。

（二）整体主义的研究视角

密里本德的法哲学批判坚持一种整体主义的理论研究视角，整体主义在他的理论体系里从方法到内容、从历史到现实、从经验到思辨、从学术到实践得到了全方位的展现。

---

〔1〕 Michael Newman, *Ralph Miliband and the Politics of the New Left*, London: the Merlin Press, 2002, p. 77.

　　工业社会理论认为经典马克思主义对 19 世纪西方资本主义社会的描述符合实际，但随着工业技术的发展、劳动生产率的提高、生产力的高度发展，工业社会已经发展到后工业社会，也就是说资本主义只是工业社会发展的早期阶段，随着工业社会的高速发展，资本主义已经被超越，人类社会已经进入后工业主义社会，社会成员生活水平大幅提高，社会朝着更为平等、自由、民主的社会发展。与工业社会理论相反，密里本德始终坚持经典马克思主义认识论传统，坚持以发达资本主义社会为其理论研究的整体背景。而发达资本主义社会既包括英国、法国、德国等老牌资本主义国家，也包括美国等相对新兴的资本主义国家，这些国家虽然在具体的历史、文化等方面有诸多的差异，但它们都是工业高度发达的社会，又是以生产资料私有制为基础的社会，这是所有发达资本主义国家的重要的共同特征，意味着在这些不同的国家中无论在经济、政治还是基本的价值观方面都存在基本的一致性，"尽管它们有许多特殊的特征，正是在这个基础上，他们使自己适应于被称为发达资本主义的普遍政治社会学。"[1]从而使得把所有发达资本主义国家作为一个整体进行研究和批判成为可能。

　　密里本德对发达资本主义的批判始终坚持以权力批判为核心和基础的全面批判，权力批判又坚持经济权力、政治权力和文化权力的一体性和共生性。经济权力和政治权力相互交织，文化权力的领导和垄断又为资产阶级的统治提供了合法性支持。资产阶级统治不仅是经济、政治统治，更重要的是文化统治，也就是葛兰西所谓的"文化领导权"的确立和发达。密里本德还认为，发达资本主义国家的阶级统治，不仅仅是孤立的经济、

---

　　〔1〕　［英］拉尔夫·密里本德：《资本主义社会的国家》，沈汉、陈祖洲、蔡玲译，商务印书馆 1997 年版，第 26 页。

政治、文化统治，它是一种遍布全社会的意识形态的总体统治，随着资本主义经济体系的扩张、全球化的发展，资本主义甚至已经成为全球性的统治力量。

在西方，一些左派知识分子虽然也坚持对资本主义的深刻揭露和批判，但是对传统马克思主义的社会主义设想却心存疑虑，经常使自己深陷困惑之中。密里本德与此不同，基于对社会主义共同体的渴望，他很早就看出了《新理性者》与《大学与左派评论》之间的差异与区别，因而对它们的合并表示出担忧，这显示出其过人的洞察力、理论敏感性。密里本德总是在自己的能力范围内努力调和英国第一代新左派和第二代新左派之间的矛盾，努力使二者之间多一些客观理性的对话和探讨，以便真正对社会主义共同体的建立和推进有所裨益。20 世纪 80 年代初期，英国大选，保守党胜利，撒切尔夫人上台执政。"撒切尔主义""里根主义"盛行一时，仿佛西方发达国家的资本主义制度又焕发了生机。工党无论从选举上还是从理念上都遭受重创。作为工党左派的密里本德对此不忧反喜，认为这是选民在用选票惩罚工党，原因在于工党领导人在取得执政权时，总是深陷保守主义阵营，不能够实施真正的、全面的、深刻的社会主义改革。可见，密里本德的发达资本主义政治批判总是与他的社会主义理想交织在一起，二者相互融合，构成不可分的整体，前者是基础、现实和手段，后者才是价值、目标和理想所在。

（三）技术权力批判的理论基点

发达的工业是发达资本主义社会的基本特征，是发达资本主义社会产生和发展的基础，而工业发达的前提和本质则是技术的不断更新、发展和运用，因此技术是工业社会的前提和根基。无论资本主义的历史发展还是资本主义社会的现实运行，技术都是决定性的因素。在马克思主义理论多向度的发展史上，理论家们从多种角度对技术的社会价值和意义进行了解读和分析。在密里本德看来，正是以技术为基础的发达工业和私有制的结合，才构成了现实发达资本主义的共同特征和基础，二者缺一不可，其理论旨趣使得他形成了独特的技术政治批判理论模式，具体讲，就是在发达资本主义社会技术高度发达基础上的总体性政治批判。

　　在一定程度上可以说，正是现代技术的加速发展及其在广泛领域中的普遍运用，才促进了现代发达资本主义的形成和发展。第一次科技革命促进了资本主义制度的加速形成，开始形成资产阶级和无产阶级；第二次科技革命，垄断资本主义形成和发展，阶级矛盾日益加剧；第三次科技革命，极大地提高了劳动生产率，促进了经济结构和社会阶级结构的改变，国家推行国家福利制度，工人阶级的生活状况大为改善，"全民平等""全民民主"主义盛行。阶级区分更加困难，阶级斗争呈现出新态势，新社会运动更是呈现出要取代阶级斗争成为推动社会发展的新形式和主动力的态势，经典马克思主义理论受到挑战。在这种背景下，密里本德的理论研究旨在说明："在考察发达资本主义国家时，对于它的社会、政治和国家的那种多元民主论的观点，是完全错误的，这种观点远未提供一种对于现实的指导意见，却造成了一种对于现实的深刻的困惑。"[1]发达资本主义国家拥有健全的民主制度，并且时刻标榜它的平等性和合理性，密里本德通过历史和现实的考察和分析，说明发达资本主义国家虽然标榜公平、合理，但是由于其生产资料私有制的逐利、贪婪本性，因而技术越先进、生产越发展，工人的处境就

　　〔1〕〔英〕拉尔夫·密里本德：《资本主义社会的国家》，沈汉、陈祖洲、蔡玲译，商务印书馆1997年版，第26页。

会越困难，社会越无序，国家的阶级统治本性就越暴露无遗。而在资本主义顺利发展的情形下，资本主义民主制的发展和完善，努力把社会上的左派分子和激进力量吸纳进资本主义法律制度框架内，迷惑其斗志和决心，并且时刻想方设法阻止广大附属阶级对国家和社会的重大决策发表意见、施加影响。因此，资本主义民主并非真正的"全民民主"，它在很大程度上具有欺骗性和虚假性。

密里本德认为，随着技术的不断进步，社会生产力的飞速发展，资本主义社会很有可能走向全面异化，私有制必将被突破，到时候社会主义将成为必然。密里本德始终坚信社会主义的优越性，认为社会主义取代资本主义并非空想和乌托邦，其观点建立在对资本主义危害性和不可避免的罪恶的客观认识基础上。他认为，无论资本主义如何改良、进步，都不会改变其生产资料私有制的根本基础，因此也不会改变其贪婪、破坏、异化的本性，而建立在生产资料公有制基础上的社会主义是根治和克服资本主义弊端的唯一良方。社会主义是一种完全不同于资本主义的全新的社会秩序，需要多代人的努力和坚持才有可能获得成功。在由资本主义社会向社会主义过渡的过程中，阶级斗争依然是推动资本主义迈向社会主义的主要力量。虽然经典马克思主义的阶级分析方法，不断受到挑战和质疑，但密里本德坚持认为它依然是社会政治分析的最为有效的方法之一。20世纪六七十年代兴起、至今方兴未艾的新社会运动虽然能够在推动社会的平等、民主、进步诸方面发挥重要作用，但它不能完全代替阶级斗争成为推动社会发展的主动力，因为新社会运动只是特定的社会群体某一方面的利益表达，而阶级斗争则是社会整体意义上的抗争，其对社会发展的推动将是全方位的和彻底的。

可见，密里本德基本继承了经典马克思主义的历史唯物主义的基本观点和思路，同时密里本德的法哲学批判思想，一方面是因技术而起，另一方面也因对技术的法权批判而向前推进，通过对发达资本主义条件下技术的深层追问和批判，来建构自身"接地气"的法哲学批判理论。

二、理论建构模式

密里本德作为"创造性的独立社会主义知识分子"，"在确定批判事业的主题这个问题上""一直发挥着领导作用"。[1]然而，关注人类终极自由和解放的马克思主义政治社会学研究，应当是批判性与建构性的辩证统一。密里本德的学生列奥·潘尼奇这样评价他的导师："也许比我们这个时代的其他知识分子贡献更多的是，拉尔夫·密里本德一直致力于证明保有真正民主的社会主义制度前景的必然性，并通过建构一种替代共产主义和社会民主主义的新社会主义，探寻促进这种制度实现的可能性。"[2]可以说，密里本德的理论建构实际上是一种社会建构思想。密里本德的社会建构思想立足于发达资本主义的社会现实，沿袭英国经验主义的理论传统，秉承马克思主义的经典研究视角，呈现出以社会阶级分析为基础、资本权力批判为核心、民主改造为路径、社会制度转换为本质的总体性结构特征和整体性思维方式。

（一）阶级是社会建构的基础

在马克思主义理论传统中，阶级的概念具有明显的不确定性，然而经典马克思主义作家又赋予了无产阶级"资本主义掘

---

〔1〕　张亮编：《英国新左派思想家》，江苏人民出版社 2010 年版，第 146 页。
〔2〕　张亮编：《英国新左派思想家》，江苏人民出版社 2010 年版，第 147 页。

墓人"的历史身份和使命，这种状况造成了两种后果：一是阶级的概念是如此重要，以至于无论具有哪种意识形态倾向的理论家们永远都绕不开该话题，他们或者肯定它，或者否定它，但都不能忽视它甚至无视它；二是这种不确定性导致了一定程度的"阶级虚无主义"泛滥，资产阶级理论家们总是模糊阶级的概念和划分标准，宣扬无产阶级历史使命的终结，甚至相当一部分左派人士，都日益怀疑阶级分析的意义和重要性。

与上述不同的是，密里本德始终承认阶级分析的重要性。他认为阶级分析"为社会和政治分析提供了一种特别有力的组织原则"，并且"为构成社会历史和现实的大量数据积累进行理论和经验的结合提供了最佳的方法"〔1〕。因此，阶级分析成为密里本德政治学研究的起点，阶级也成为其社会建构思想的基础。在密里本德的眼中，发达资本主义社会中的阶级非但没有消失，而且是可以观察、辨别、体验的具体的社会存在。

"新的'真正的'社会主义""拒绝了马克思主义的'经济主义'和'阶级还原主义'，实质上是将阶级与阶级斗争在社会主义方案中剥离出去。"〔2〕密里本德对这种流行的新修正主义进行了严厉的驳斥。他认为，科学技术的发展，新行业、新职业的出现，不意味着工人阶级的消失，而是工人阶级进行了重新组合。而且，经典马克思主义作家赋予无产阶级的"优先原则"同样有效，如果说资本主义社会的工人阶级生存状况有所改善的话，那也是工人阶级长期自下而上斗争的结果。尤其是进入20世纪以来，历史事实表明，无论在第一次世界大战还是在第

---

〔1〕 Ralph Miliband, *Divided Societies - Class Struggle in Contemporary Capitalism*, Oxford: Clarendon Press, 1989, p.1.

〔2〕 [加] 艾伦·伍德:《新社会主义》，尚庆飞译，江苏人民出版社2002年版，第2页。

二次世界大战期间，工人阶级都表现出具有明确政治内涵和政治目的的行动主义。工人阶级的斗争是多种方式的，他们或者以直接斗争的方式，或者通过行业工会的方式，在包括政治、经济、文化等多个领域进行阶级斗争，在资本主义体制内取得了丰硕的成果。而且，这种斗争的成果，并不仅仅意味着工人阶级自身生存状况的改善，它也意味着全体被压迫者的整体受益及权利水平的提高，因而工人阶级的利益和斗争具有社会普遍性的特征。因此，资本主义社会的全面改造，仍然离不开以工人阶级为主体的阶级斗争。新社会运动虽然也是社会抗争的有效形式，但它具有人群有限性、利益局部性的特点，因此不能担当取代阶级斗争成为社会发展主动力的历史重任。

（二）权力是社会建构的核心

美国著名社会学家米尔斯对密里本德的学术研究影响巨大。在认识米尔斯以前，密里本德主要从事政治思想史的研究，比如其博士论文《1790年代法国的社会主义观念》、1961年出版的专著《议会社会主义——英国工党政治研究》无论在内容上还是在研究方法上，都表现出浓厚的历史主义特征。认识米尔斯之后，密里本德受其研究模式的启发，逐渐形成以整体的"社会权力"为考察核心的学术研究旨趣和范式。在密里本德1969年出版的名著《资本主义社会的国家》中，他公开表达了对米尔斯的敬意，并聚焦于"一种国家理论也是一种社会理论和在这个社会中分配权力的理论"[1]。此时，权力已经成为密里本德政治学研究的主要聚焦点，也成为其观察、分析和判断社会现象和问题的基础和尺度。

在分析发达资本主义社会的阶级结构问题时，权力成为划

---

〔1〕〔英〕拉尔夫·密里本德：《资本主义社会的国家》，沈汉、陈祖洲、蔡玲译，商务印书馆1997年版，第6页。

分不同阶级身份的主要标准之一。密里本德认为，发达资本主义社会依然是以阶级为基础的社会，划分阶级的标准不能仅看各种社会成员表面的生活状况。即便是现代资本主义社会进入"物质丰裕"时代，"消费革命"不断发生，过去外观界限明显、等级森严的生活模式已经发生改变，过去贫穷的工人阶级及其子女现在过和有钱人一样的精彩生活，也不能认为"工人阶级消失了"。因为划分阶级的标准绝不是这些具有迷惑性的外观形态，而应当深刻分析隐藏于表面现象背后的权力本质。发达资本主义社会之所以被分成统治阶级和以工人阶级为主体的附属阶级，主要标准正在于权力在这些社会成员之间的不平等分配。密里本德指出："发达资本主义社会最重要的政治事实是在这些社会中继续存在着私人的甚至更加集中的经济权力。作为其结果，拥有和控制这种权力的人在社会、政治制度和决定国家政策和行动时，有着巨大的优势。"〔1〕他们几乎拥有大部分的经济权、政治权，并且通过文化霸权对广大附属阶级进行劝说、拉拢、分化和打压，力图在现代民主法治的背景下获得被统治阶级的同意，以此维护、增强资本主义统治合法性。与此相对，附属阶级就整体而言，无论在经济领域、政治领域抑或文化领域，只拥有很少的权力，而对附属阶级中的最底层社会成员而讲，他们几乎不拥有任何权力行使领域的话语权。

在密里本德看来，发达资本主义国家的阶级统治，是一种在自由主义意识形态支配下的经济、政治、文化、社会的整体性统治，国家在很大程度上是统治阶级实施阶级统治的工具。诚然，资本主义国家在一定程度上拥有很大的自主权，而且国家的具体行为也不总是维护资产阶级的利益，甚至正如人们所

〔1〕 ［英］拉尔夫·密里本德：《资本主义社会的国家》，沈汉、陈祖洲、蔡玲译，商务印书馆1997年版，第265页。

观察到的那样，国家经常会采取行动反对资产阶级的具体利益。但这并不意味着国家是社会成员总体利益的代表，这只是表示国家是统治阶级整体利益和长远利益的代表。国家的行动受制于资本主义社会的"结构性力量"，表明它不可能成为非阶级的社会共同体。反而，在资本主义意识形态的要求下，为了资本利益，国家的行动会发展得更远，最终突破一国的权力范围，谋求世界性霸权。在这种状况下，资本主义的统治不仅在国内不断地遭到反对，在整个世界范围内，也会引起各种形式的反对帝国主义霸权主义的反抗，这种霸权与反霸权的斗争具有持续性、世界性、阶级性、总体性、复杂性等特点。

　　历史早已证明，专制和独裁的法西斯主义是发达资本主义制度的替代形式，这也同时表明，二者并不存在不可逾越的鸿沟，资本主义制度既可意味着附属阶级权利范围的夸大、民主的增加，也可意味着法西斯的专制、残忍和独裁，这完全取决于发达资本主义社会统治阶级的具体利益需要。

　　发达资本主义的工业发展，带来了资本主义生产的巨大成就，"物质能力以前所未有的步伐展示它对人类解放的宏伟诺言"，生产力的不断解放要求与其发展水平相适应的、和谐的生产关系，然而资本主义社会的"'工业关系'的结构仍然是一种统治与服从的关系"，是"一种腐败和残破的体制"[1]。在这种形势下，发达资本主义社会的附属阶级更加坚定地主张自己的权力和利益，尤其对国家提出了更多的希望和要求。然而掌权者们在宣称改革的同时，却"把真正的问题掩饰起来"，国家的改革因此而举步维艰，为了缓解日益紧张的压力，国家便会采取它的暴力手段——镇压。在资本主义国家，改革和镇压是

---

　　〔1〕〔英〕拉尔夫·密里本德：《资本主义社会的国家》，沈汉、陈祖洲、蔡玲译，商务印书馆1997年版，第268~269页。

"互补关系"，在这两种手段的交替运用中，其不断维持着发达资本主义社会的统治关系。然而，在密里本德看来，这两种手段，在资本主义权力关系日益紧张的背景下，总有失效的一天。到那时，可能会引起"制度上激烈的变革"，社会主义制度替代策略将成为一种最好的、最有利的可能。

"由于新左派的出现，发展了一种批判的社会主义，它能够使激进的选择得到普及，并鼓励英国左派内的争论，以便组织对资本主义的全面批判。"[1]兴起于20世纪50年代末的英国新马克思主义总体上都是一种"批判的社会主义"，他们具有相似甚至相同的政治理想，那就是探索、论证实现社会主义的必要性、可能性和可行性。马克思在《〈黑格尔法哲学批判〉导言》中说："理论在一个国家实现的程度，总是决定于理论满足这个国家的需要的程度。"[2]密里本德政治学研究之所以能够在英国新左派阵营内脱颖而出，甚至获得世界性的学术声誉，主要缘于他在自己所处的年代结合当时发达资本主义国家的经济、政治、文化现实，运用经典马克思主义的基本观点和结论，验证发达资本主义国家的法律真实性、权力合理性、统治合法性，一方面传承了经典马克思主义的认识论和方法论，另一方面又对发展了的现实进行马克思主义的解释，而且这种解释在英国新马克思主义内部也别具一格，既不是明显的历史主义方式，也不是文化唯物主义的研究视角，虽然在密里本德早期的研究中有历史主义的影子，在其后来的几部成名作中都有具体的对文化领导权的具体分析，但我们依然认为密里本德的政治学研究是一种政治社会学研究，研究核心是社会权力的具体分布和流转、权力发展的历史与现实以及权力发展的可能和方向。同

〔1〕 乔瑞金等：《英国的新马克思主义》，人民出版社2013年版，第6~7页。
〔2〕 《马克思恩格斯选集》（第1卷），人民出版社2012年版，第11页。

时，以意识形态为总纲的整体性的权力分析和批判构成密里本德发达资本主义政治批判的主要理论路径。

（三）民主是社会建构的有效路径

密里本德认为，资本主义自由民主制总给人一种整体的印象：普选制、代议民主制、有限政府、信息公开、思想自由、言论自由，军队受文官控制等。许多政府依靠强制的力量，寻求全社会总体的一致性。而自由民主制主要是依靠全社会一致同意的力量实现对全社会的霸权和统治，密里本德把它称作"同意工程学"。统治阶级的霸权不仅体现在传统的经济领域和政治领域，同时还体现在文化领域和社会的整体领域。发达资本主义社会，资本主义意识形态渗透在各个部分，各类企业、国家机关、法院、军队、准国家机构、教育、公共舆论、宗教、体育等社会的各个环节都在奉行、维护、传播着资本主义主流意识形态。

社会民主党人"一直相信，普选、社会改革、教育的发展、劳工运动的发展以及工人阶级摆脱被奴役地位，必然会做出想象和现实相互间迟早会达成共识的承诺"[1]。这在一定程度上是不现实的。在资本主义体制内，政治和法律上规定的改革和民主承诺，总是被资本利益的现实需求所绑架。在冷战时期，发达资本主义社会的国家总是以保护国家秘密为借口，隐瞒各种事实真相，剥夺公民的知情权，并且以国家安全为借口，加强对公民的监控和控制，恣意剥夺公民的自由和民主，剥夺包括公民在国家和社会重大公共利益上的参与权和决策权。同时，资本主义自由民主制力图使社会"处于一种鼓励琐事和引起混乱的气候中，所以对事物的公共辩论给出了一种拥有自由的外

---

〔1〕　张亮、熊婴编：《伦理、文化与社会主义：英国新左派早期思想读本》，江苏人民出版社 2013 年版，第 201 页。

观却没有危及现实的权力"〔1〕。总之，资本主义自由民主制的本质就是想方设法压制民主、努力减轻民主的压力。因此，密里本德得出结论：资本主义自由民主制是"走向不自由的民主"。

消除"走向不自由的民主"，在密里本德看来，"只能通过对他们的政治权力所依靠的经济的和社会的结构的改革来废除"〔2〕。共产主义政权是这一设想的实践尝试。但与大多数的英国新左派一样，密里本德对苏联的态度有一个转变的过程。在1956年以前，密里本德把苏联看成践行马克思主义的成功典范，但在1956年之后，他对苏联的态度走向了日益激烈的批判。他认为，在苏联，党的权力代替了阶级权力，民主集中制更多地体现为领导意志的集中而非民主基础上的集中，在国家和社会的所有领域都呈现出专断性和强制性。因此，苏联绝不是一个真正民主的典范，反而它给人们提供了一个关于民主的反证，社会主义民主是什么值得持续探讨，但社会主义民主不是什么却达成了某种共识。

综上，资本主义民主不是真正的民主，苏联则是在对马克思主义的僵化、教条理解上走向了专制和独裁。"政府只有一个主要的力量源泉，这就是人民对它的支持。"〔3〕因此，寻求理想的社会制度替代模式，首先是从民主入手，以民主为切入口和必由路径，在社会基础上包括在经济、政治、文化等领域实施改革，建立民主的前提，即公民生活状况的大体平等，扩大民

---

〔1〕 张亮、熊婴编：《伦理、文化与社会主义：英国新左派早期思想读本》，江苏人民出版社2013年版，第202页。

〔2〕 张亮、熊婴编：《伦理、文化与社会主义：英国新左派早期思想读本》，江苏人民出版社2013年版，第205页。

〔3〕 ［英］拉尔夫·密利本德：《马克思主义与政治学》，黄子都译，商务印书馆1984年版，第199页。

主的民众基础和权利范围，实现平等、民主、合作、和谐的社会秩序。

（四）制度转换是社会建构的本质和目标

对于资本主义民主制的作用和本质，在马克思主义内部历来有两种态度，一种认为它是虚伪的、不真实的，是资产阶级迷惑人民的手段和工具，另一种认为应当辩证地看待资本主义民主制，既要看到它保守的一面，又要看到其历史进步性。密里本德属于后者。他认为打碎旧的资产阶级国家机器，并不意味着成功建立一个民主的、科学的、有效的社会管理体制，因为二者之间没有必然的联系。在发达资本主义社会中，资产阶级民主制度为实现彻底的、大规模的、根本的社会制度转换提供了宪法和法律上的可能性。因此，密里本德把他的社会主义策略称为"改良主义"的策略。改良主义策略与社会改良不同。社会改良属于在资本主义体制内的改良，具有范围窄、程度低、力度小的特点，因此社会改良本质上属于资本主义制度的调整性、适应性改革，其目的不是废除资本主义制度，而是维护和加强资本主义制度。改良主义策略与之不同，它"既包括又需要根本改变现存国家的结构、运转方式和人员"[1]，是由左派政府主导、人民广泛参与的社会制度的根本转换。

在《怀疑时代的社会主义》中，密里本德尝试对未来具体的社会制度进行勾画。"资本主义经济和社会主义经济间的区别显然不纯粹是'经济问题'，它们具有经济性、社会性、政治性和道德性，并且影响社会秩序的模式和整体本质。"[2]因此，他

---

〔1〕［英］拉尔夫·密利本德：《马克思主义与政治学》，黄子都译，商务印书馆1984年版，第200页。

〔2〕Ralph Miliband, *Socialism for A Skeptical Age*, Cambridge: Polity Press, 1994, p.121.

对社会根本制度转换的构想就从经济制度开始。他认为制度转变的第一步就是废除资本主义私有制，实施社会经济的社会化改革。"一种社会化经济将包括三种不同的部分：首先是占统治地位的各种公共所有制经济，其次是存在一个基本的、灵活的合作经济，最后是允许主要由小规模或中等企业构成的私有经济存在，私有部分将对商品、服务以及公共产品的提供起到重要的作用。"〔1〕经济领域社会化，摒弃了资本主义私有制对私人利益的无节制的追求，这将影响社会其他领域的主导观念和行为，扩大民主范围、促进社会合作。

在促进经济社会化的过程中，应当充分发挥国家的作用。密里本德认为，在资本主义社会，国家干预也大量存在。因此，社会主义制度不是要不要国家干预的问题，而是要确保国家干预的性质和方向，应当确保社会主义国家干预的社会公益性和民主参与性。

《怀疑时代的社会主义》是密里本德的最后一部著作，我们从中可以发现密里本德一个重要的写作目的，那就是对其一生政治理想的总结以及对理想社会制度的具体设计，虽然这种制度设计看来过于简单和粗略，但他始终相信，"这种希望只有在如下社会形成后才可能实现：在这种社会中，人们享有安全的物质存在，其基本的公民权和政治自由得到了保障，合作和友谊是真正存在的而不再是社会组织的修辞原则。"〔2〕因此，社会主义意味着与资本主义制度完全不同的社会制度，"社会主义是一种新的社会秩序"〔3〕。

〔1〕 Ralph Miliband, *Socialism for A Skeptical Age*, Cambridge: Polity Press, 1994, p. 110.

〔2〕 张亮编：《英国新左派思想家》，江苏人民出版社 2010 年版，第 171 页。

〔3〕 张亮编：《英国新左派思想家》，江苏人民出版社 2010 年版，第 171 页。

三、研究方法与思想内容方面的不足

陈学明教授认为，西方马克思主义的一个重要特征就是它的现实性，即便是"被称为'经院马克思主义'的'西方马克思主义'的理论家而言，即使他们与西方国家的工人运动几乎没有任何直接的联系，即使他们从来也没有企图建立某种政党来实践自己的学说，即使他们大多是关在书斋里钻研学问的学者、教授，即使他们写下的著作又是如何晦涩难懂，但是，从他们所关注的一些理论问题来看，他们实际上也并没有回避现实的挑战，在他们那深奥难懂的语言中负载着大量关于急剧变化着的资本主义世界的信息，跳动着这个特定时代的脉搏，也倾注了他们对社会主义和马克思主义命运的深刻关注。可以说，他们实际上是在书斋里，用他们特定的语言和方式曲折地反映着他们生活的那个时代。"[1]

西方马克思主义现实性的这个特点，在密里本德的身上，可谓是得到了充分的体现。另外，对于西方马克思主义所表现出的不足，比如缺少独立的、有力的政治组织、侧重于书斋式的研究、有时表现出对经典马克思主义基本观点和方法的背离等，在密里本德身上可以说几乎没有出现过。因为密里本德在整个英国新左派当中，其地位和作用还是比较特殊的，在一定程度上，他发挥了左派内部争论润滑剂的作用和功能；之所以会这样，不仅与其本身的个性有关，更与其始终坚持独立、开放、包容的理论态度有关，如前所述，这种理论态度可以说是一种辩证理性的态度和方式。

---

〔1〕　陈学明：《20 世纪西方马克思主义哲学发展历程及主要特征》，载《马克思主义与现实》2013 年第 2 期。

但是，在密里本德的理论研究方式和政治思想内容方面，也存在着一些明显的不足：

首先，是其理论研究方式方面的不足。强调这一点，并非否认人道主义的马克思主义的方法论基础经验主义。事实上，对于经验主义，应当一分为二地看待。经验主义注重观察现实客观情况的变化、注重对历史事实和现实事实的描述和分析，善于"具体情况，具体分析"，这是"马克思主义的精髓，马克思主义的活的灵魂"[1]。但是，经验主义也有其不足之处，因为其"也确实具有其形而上学的片面性方面，需要加以纠正和克服"[2]。这在密里本德的著作中的具体表现是，对一个问题，提出自己的具体观点，但是说理和论证不够充分，抽象思维和预测能力也明显不足。

其次，是在思想内容方面的欠缺。虽然经过梳理，可以发现密里本德的整体政治思想的全貌，也可以发现它们之间的勾连关系和逻辑关系，但是其对社会主义的构想，以及对实现社会主义的路径探索，无疑都带有更多的理想成分，在现实中难以落实。实际上，这个问题不仅表现在密里本德身上，而且表现在西方的整体左派思想家身上。因为，资产阶级右派不断地吸取左派的主张，在现代选举制度的推动下，绝对自由主义的理念和政策已经很少见了，更多的是一种保留了核心内容基础上的融合。在这种情形下，如何使自己在选民中脱颖而出、获得支持；如何能够在保障经济发展、充分就业、通货稳定的情况下，逐步实现更好的社会制度；如何能够在现实中在不同的群体之间凝聚社会主义共识；如何对待现实中不同的利益差异

---

〔1〕《列宁选集》（第4卷），人民出版社1995年版，第213页。

〔2〕 徐崇温：《阿尔都塞的反经验主义认识论和马克思主义》，载《中国社会科学》1997年第3期。

和利益诉求；如何在经济发展和社会福利之间达成协调；如何在剧烈竞争的国际环境下，实现自身的发展并保障安全；等等。这些问题是普遍的、是无论左派还是右派都面临的共性问题。在密里本德的著作中，他对于这些问题也有所回应，但是其回应却表现出不顾现实的理想主义。比如，他指责历届工党政府的修正主义，说他们在入主政府后，往往以发展经济和国家利益为主，从而实施各种有利于实业家的政策和措施。但是，如果不这样，还能采取哪些有效的措施来发展经济、增强企业活力、减少政府负担、提高公共福利呢？因此，左派获得成功的一个主要命题，就是其能够制定有效的措施，不仅能赢得选民的支持，而且能实现自己的超越资本主义的社会主义目标。[1]在这方面，密里本德是批判有余、建设不足，并没有提出切实可行且有效的建议。

―――――――――

〔1〕　在 2015 年的英国大选之年，拉尔夫·密里本德的小儿子爱德华·密里本德领导的英国工党败给卡梅伦领导的保守党，可以说是对这一问题在现实中所做的注脚。

结　语

在英国乃至西方世界，密里本德被认为是与汤普森、霍布斯鲍姆、安德森等著名学者齐名的西方马克思主义社会思想家。梳理当代西方具有影响力的法哲学思想，尤其是西方马克思主义的法哲学思想，密里本德绝对是绕不过去的一座丰碑。

密里本德批判的法哲学思想以马克思主义为批判的主要思想渊源和方法论基础、以总体的资本主义体系为批判对象、以资本主义民主制度为批判核心、以社会制度的根本转换为批判的最终诉求、以如何在现实中具体实践和实现社会主义为批判路径，表现出深刻而全面的辩证理性特质。其对资本主义的批判，对社会主义的理论建构，对马克思主义的信仰、坚守与发展，对社会实践中基本和具体理论问题的细致而全面的思考，对不同观点和见解的包容和批判等，时至今日，依然值得我们认真研究、思考以及批判性地借鉴。